避陷阱，求坦途：

中等收入阶段的福利赶超与经济赶超

苏京春　著

经济科学出版社

图书在版编目（CIP）数据

避陷阱，求坦途：中等收入阶段的福利赶超与经济赶超／苏京春著.—北京：经济科学出版社，2013.6

ISBN 978-7-5141-3565-7

Ⅰ.①避 Ⅱ.①苏… Ⅲ.①中国经济-经济发展-研究 Ⅳ.①F124

中国版本图书馆 CIP 数据核字（2013）第 148845 号

责任编辑：高进水 于庆昭
责任校对：曹 力
版式设计：代小卫
责任印制：潘泽新

避陷阱，求坦途：
中等收入阶段的福利赶超与经济赶超
苏京春 著
经济科学出版社出版、发行 新华书店经销
社址：北京市海淀区阜成路甲 28 号 邮编：100142
总编部电话：010-88191217 发行部电话：010-88191522
网址：www.esp.com.cn
电子邮件：esp@esp.com.cn
天猫网店：经济科学出版社旗舰店
网址：http://jjkxcbs.tmall.com
北京汉德鼎印刷厂印刷
华玉装订厂装订
880×1230 32 开 7.5 印张 190000 字
2013 年 9 月第 1 版 2013 年 9 月第 1 次印刷
ISBN 978-7-5141-3565-7 定价：28.00 元
（图书出现印装问题，本社负责调换。电话：010-88191502）

序

苏京春博士的《避陷阱，求坦途：中等收入阶段的福利赶超与经济赶超》一书，是基于她的博士学位论文充实修改而成。这位年轻的研究生表现了对此问题的浓厚兴趣和执着钻研精神，我作为她学习期间的指导教师，鼓励她对这一课题的攻关。看到苏京春写出体系化有分量的成果，感到由衷的欣悦。

关于中等收入陷阱和福利赶超误区问题，有识之士于数年前已有所重视，我也在不少场合及《关于我国若干重大经济社会问题的思考》等文章中多次提及。国际经验表明，一国进入中等收入阶段之后，存在着公众对于生活境况、福利待遇越来越好、迅速走高的心理预期，其与公共服务体系发展相对滞后的现实矛盾，往往使公众的福利赶超意愿明显超过政府公共服务的有效供给能力。这个矛盾又极易引出公众对政府不满意程度以及对政治家压力程度的持续强化，使福利赶超的有效进行走到一定程度之后，经济实体层面的支撑无法跟上，于是福利赶超便很快在支撑力一落千丈之后，由云端跌落尘埃，伴随着经济赶超的一蹶不振，而且社会矛盾不可避免地趋于进一步激化，经济增长和社会发展出现大幅减速乃至陷入停滞的泥潭。因此，这种“中等收入陷阱”是我国进入中等收入阶段后必须特别警惕的一个重大问题。

在理论密切联系现实的取向上，作者首先以“概念、逻辑和前车之鉴”开篇，阐述了相关概念并正面讨论“拉美化”问题，接着以翔实的理论考察清晰勾画经济赶超理论产生与发展的思路，再结合“拉美陷阱”前车之鉴的实证考察，将“避免民粹主义基础上的福利赶超”这一命题落到实处，即在对既有福利水平测度的基础上，结合拉美地区民粹主义基础上福利赶超的特性，找到中国与拉美地区福利水平的比较基点——福利赶超指数。通过数据分析和比较，作者认为中国现阶段的福利赶超水平仍远远低于拉美地区民粹主义基础上的福利赶超水平，尚不会马上将宏观经济拖入增长陷阱，但十分需要在未来的经济发展中有远见、有决断地把握好福利增长水平。在我的指导和鼓励下，作者以“倒U”形曲线来描述福利赶超对经济赶超的影响，形象地描述福利与经济增长之间的关系。最后，作者在此分析框架下落脚于财政政策，阐述问题、方针和对策建议。

中国福利赶超与经济赶超的问题，正是现阶段中国经济转轨和社会转型期间汇合了大量矛盾和挑战的重大现实问题，而相关的方针及对策建议，必然紧密联系税收制度改革和财政体制改革。结合我国改进民生的福利目标及转轨转型的经济社会总体战略目标，作者力图给出简要而完整的、可供有关部门参考的财税对策体系。

值得肯定的是：此书较为系统化、条理化地完成了几项具有独创性的工作。一是尝试建立福利赶超测度指数，并通过相关数据分析得出“中国现阶段福利赶超水平尚远远低于拉美民粹主义基础上的福利赶超水平”这一结论，揭示中国福利赶超现状。二是利用人均收入水平对中国31个行政省、自治区和直辖市进行了排名和划分，对各省市福利和经济水平进行了权变分析。三是以引入“倒U”形曲线的方法描述福利赶超对经济增长的效应，认为福利增进对经济发展的效应不是始终稳步向上的，而是由弱渐强再由强而迅速转弱，得出福利赶超效应与经济增长关系的曲线描画，并对该曲线进行了权变分析。四是以各维度分析基点提出了“瞻前顾后”四字基本哲理方针与“维护公正、兼顾均平、引导高端、壮大中端、托好底端”的二十字分配方针，为中国争取顺利通过中等收入阶段、步入高收入阶段，奠定方向性思路。

苏京春作为我博士研究生中最年轻者之一，常被戏称是出家门、进校门、又进单位门的“三门”弟子，然而其在相当有限的时间段内完成的研究成果，已体现了难能可贵的科研分量。当然，仍存在一些缺憾和后续研究的任务，如对福利赶超的剖析现仅停留在拉美地区这样的前车之鉴上，而发达国家和亚洲四小龙等经济发达地区（尤其是美国、韩国等）是如何由中等收入阶段跨越至高收入阶段，其经验借鉴，是本课题延伸扩展可考虑的非常有意义的研究工作。另外，对于福利赶超模型的优化考虑以及对财税政策建议的充实，尚需要在以后的研究工作中深入展开。

从我国当前的实际情况来看，避免“民粹主义基础上的福利赶超”误区和中等收入陷阱，关键是至少要做好两点。一是要把回应公众福利诉求，放在一个短期利益和长期利益合理设计、动态平衡的框架内，通过通盘考虑科学决策，使政策设计更具理性——其中最为重要的是，要处理好短期利益与中长期利益的权衡衔接。二是如何为福利提升提供持续的物质支持、为经济增长提供可持续的新动力——福利提升最终要靠可持续的发展来解决，这也是避免中等收入陷阱的一个重要原则。第二次世界大战以后的20世纪六七十年代，美国曾有福利政策不断加码的时期，特别是在约翰逊总统之后约十年的时间里，美国每年工资水平的增长速度大都在10%以上，国民经济随后出现了“滞胀”。幸赖于80年代以后，美国以硅谷为代表的新经济开始蓄势和发力，加上其他政策调整举措，90 年代后成功地带领美国经济走出了“滞胀”泥潭，美国得以继续保持领导潮流的世界头号强国地位。反观日本，经历了 20 世纪 50 ~ 70 年代的高速增长之后，80 年代高歌猛进中泡沫化形成，90 年代发展趋势急转直下，这虽与汇率陷阱及其他一些问题有关，但缺少新的经济增长动力无疑是其中一个最直接的因素。我国要成功实现民族复兴现代化目标，必须以此为鉴，走创新型国家道路，坚定不移地深化改革，优化结构，形成对经济增长和福利提升的持续支撑力。

苏京春的研究工作已较系统地梳理了相关理论研究基础并贡献了值得称道的独创分析方法和条理化的认识。在学术研究这项十分艰辛的工作中，她能有此成绩，可喜可贺。期盼她对科研始终怀有这样的热忱，志存高远、脚踏实地，通过继续不懈的努力而构造卓越。

贾康

2012 年 9 月

前　　言

发展经济学在一般意义上讲，某一经济体的发展轨迹有不同阶段之分：低收入阶段、中等收入阶段和高收入阶段；或更为详细地分为低收入阶段、中低收入阶段、中高收入阶段和高收入阶段。总而言之，无论是粗略地或是详细地分类，我们都可以按照收入水平的差异将某一经济体的发展轨迹大体分为低、中、高三个不同的阶段。所谓“不同”，是因为以经济体成员的收入水平差异为基点，不同阶段的经济体显示出相异的内部结构、增长动力和发展趋势。按照国际主要经济体发展的已有经验，中等收入阶段可以视为经济体发展的“龙门”：成功渡过中等收入阶段，经济体一般会顺利晋为发达经济体，步入高收入阶段；一旦在中等收入阶段失足，经济体往往被迫恶性循环而跌入“中等收入陷阱”。

具体而言，我国作为一个新兴经济体，以党的十一届三中全会为起点，步入了改革开放和社会主义现代化建设的新时期，经济多年来连续高速增长。新千年以来，我国经济增速始终保持在8%以上，逐步由下中等收入阶段步入上中等收入阶段。怎样能够成功度过中等收入阶段？这对中国特色社会主义市场经济体制而言，是一个值得深入探索的重大课题。

本书从中等收入阶段经济赶超进程中所出现的福利赶超现象入手，分析了在中等收入阶段的大背景下福利赶超的特点以及福利赶超与经济赶超的关系，以期为中国成功跨越中等收入陷阱、步入高收入阶段提出较具针对性的对策建议。全书按照：导论，福利赶超与经济赶超的概念、逻辑与前车之鉴，福利赶超与经济赶超的理论基础与有效测度，中国福利赶超指数与现状分析，中国各省市福利赶超指数分析，中国福利赶超与经济赶超的基本方针、现状与财政职能，中等收入阶段中国在改进民生中如何优化收入再分配和中等收入阶段福利赶超与经济赶超对策建议的逻辑展开，共分为九大章节。

其中，导论、第二章、第三章主要是综述、理论与模型部分的阐述；第四章和第五章主要是调研、数据与分析部分的阐述；第六章、第七章和第八章主要是我国现状、本书视角与政策建议的阐述；第九章是总结。

绪论阐述了研究意义、研究背景和文献综述。本书采用的研究方法概念分析法、文献调查法、逻辑推理法、比较研究法、数据分析法，等等。

第二章阐述了中等收入的定义、中等收入阶段经济赶超、中等收入陷阱及福利赶超和中等收入陷阱的逻辑路径，是全书论述的逻辑基础。

第三章阐述了中等收入经济赶超阶段的理论评述及必要性探究、福利测度方法演变及局限性思考、福利赶超指标的确定与模型的建立、福利赶超指数与经济赶超路径。

第四章按照第三章建立的福利赶超指数模型对中国全国范围内福利赶超进行了分析。逐一分析了中国劳动力市场指数（L）的各项数据和中国财政调控指数（G）的各项数据，在此基础上计算了中国2000～2008年福利赶超指数。与拉美地区进行比较后，本书认为，中国福利赶超指数远远低于拉美民粹主义基础上福利赶超的水平，目前尚位于合理水平。

第五章利用福利赶超指数进行了中国全国及各省市福利赶超现状分析，以此为下文财税政策的开展奠定了重要的实证基础。在计算全国福利赶超指数的基础上，此章节对中国各省市进行了高、中、低端组别划分，并分别计算了福利赶超指数。本书在数据分析基础上得到收入阶段变更前后福利赶超与经济赶超的发展规律，并引入“倒 U”形曲线描述福利赶超对经济增长的效应。

第六章首先论述了中国经济赶超与福利赶超基本方针、现状与财政职能。接着，进行了中等收入阶段经济赶超与福利赶超观点评述，与中国经济发展历程相结合，为基本方针的制定打下基础。提出中国中等收入阶段经济赶超与福利赶超“瞻前顾后”的四字方针。接着论述了中国赶超现状，认为当前中国经济赶超与福利赶超优势与矛盾并存。最后，论述了财政与经济赶超和福利赶超的联系及职能。

第七章论述了中等收入阶段在改进民生中如何优化再分配，认为中等收入阶段福利赶超的主要内容是大力改进民生，该目标是通过财政收入再分配职能来实现，然而中国中等收入阶段收入分配存在很多问题，应当有针对性地优化再分配，并提出了可供探寻的政策建议。

第八章论述了中等收入阶段福利赶超与经济赶超财税体系对策建议。首先，论述了中等收入陷阱与财税体系；其次，论述了中国深化经济赶超财税体系对策建议；最后，论述了中国深化福利赶超财税体系对策建议。

特别需要说明的是，本书主要完成了以下具有独创性的研究工作：第一，在第三章中建立了福利赶超测度指数模型，并在第四章和第五章中利用此模型进行了相关数据分析，得到结论：中国现阶段福利赶超水平远远低于拉美民粹主义基础上的福利赶超水平。第二，在进行中等收入阶段福利赶超与经济赶超的研究中，于第五章中利用世界银行阿特拉斯法计算的人均收入水平以及中国各省市人均 GDP 平均水平的基础上，对 31 个直辖市、行政省和自治区进行了排名和划分并分别计算了福利赶超指数，在此基础上，于第八章对策建议中按照高、中、低端组别划分进行了权变分析。第三，在数据分析的基础上提出了收入阶段变更前后福利赶超与经济赶超的变化规律，并使用引入“倒U”形曲线的方法描述福利赶超对经济增长的效应，得到了福利赶超效应与经济增长的关系并对该曲线进行了权变分析。第四，本书在第六章与第七章中分别提出了：中等收入阶段福利赶超与经济赶超的基本方针，中等收入阶段在改进民生中优化收入再分配的方针。即本书中提及的“瞻前顾后”四字基本方针与“维护公正、兼顾均平、引导高端、壮大中端、托好底端”的五词方针，并认为应将此二项方针作为相关领域的思想基点。

录

第一章

导　论

第一节　研究意义

发展经济学在一般意义上讲，某一经济体的发展轨迹有不同阶段之分：低收入阶段、中等收入阶段和高收入阶段；或更为详细地分为低收入阶段、中低收入阶段、中高收入阶段和高收入阶段。总而言之，无论是粗略地、或是详细地分类，我们都可以按照收入水平的差异将某一经济体的发展轨迹大体分为低、中、高三个不同的阶段。所谓“不同”，是因为以经济体成员的收入水平差异为基点，不同阶段的经济体显示出相异的内部结构、增长动力和发展趋势。按照国际主要经济体发展的已有经验，中等收入阶段可以视为经济体发展的“龙门”：成功渡过中等收入阶段，经济体一般会顺利晋为发达经济体，步入高收入阶段；一旦在中等收入阶段失足，经济体往往被迫恶性循环而跌入“中等收入陷阱”。

具体而言，我国作为一个新兴经济体，以党的十一届三中全会为起点，步入了改革开放和社会主义现代化建设的新时期，经济多年来连续高速增长。新千年以来，我国经济增速始终保持在8%以上，逐步由下中等收入阶段步入上中等收入阶段。怎样能够成功渡过中等收入阶段？这对中国特色社会主义市场经济体制而言，是一个值得深入探索的重大课题。

中等收入阶段有两个极为重要的特征：福利赶超和经济赶超——一方是民心之所向，一方是大势之所趋，如何掌舵而使之不偏不倚，即是成功跨越中等收入阶段的发展之道。鉴于研究精力和研究水平的限制，笔者在本书中仅试图借助福利赶超和经济赶超这两个重要特征来研究中等收入阶段，尤其侧重从研究福利赶超出发来进一步研究福利与经济增长的关系，进而试图找出怎样的福利赶超才能够在提高人民生活水平、改进民生的基础上促进经济赶超，从而帮助我国成功渡过中等收入阶段，并在这个视角下对我国中等收入阶段的发展提出了相关财税政策建议。在研究中，笔者试图按照逻辑回答以下问题：第一，什么叫做福利赶超和经济赶超？第二，福利赶超的恰当程度是否能够用模型和数据来界定？第三，按照福利赶超测度模型，中国的福利赶超水平是怎样的？第四，中国不同的行政省福利赶超程度都一样么？若不同，应当怎样细化分析福利赶超水平？第五，经济赶超、福利赶超与财政之间存在怎样的逻辑关系？第六，中等收入阶段的福利赶超如何影响着我国的收入再分配？第七，针对中等收入阶段的福利赶超与经济赶超进程有怎样的对策建议？

第二节 研究背景

世界银行自2000年起，采用阿特拉斯法计算每年度的人均国民总收入（GNI），并在此基础上对国家和地区收入水平进行了分组：低收入（LIC）、下中等收入（LMC）、上中等收入（UMC）和高收入。中国人均GNI自2000年以来的平均增长率为17.3%，远远高于中等收入阶段内部划分上中等收入和下中等收入分界值的增长率3.25%，从增长的趋势来看，中国人均GNI在不远的几年内超过分界值，从而跨入上中等收入阶段已指日可待。而与此同时，随着中国逐步步入上中等收入阶段，经济发展的现状可谓挑战与机遇并存。中等收入经济赶超阶段的经济体有三种可能的发展路径：第一，平稳衔接步入发达阶段，是指中等收入经济体可能在经济赶超的过程中成功处理转轨路径和各项关系，沿着发达经济体的经济发展路径平稳步入下一个经济增长阶段，例如，日本和亚洲四小龙步入发达经济体的增长历程。第二，技术发力跨越中等收入阶段，是指中等收入经济体可能在经济赶超过程中，没有处理好转轨路径选择和生产关系协调而出现经济危机。但其在技术方面大举自主研发深度发力，从而拉动了整个产业链发展，高调推动整个经济体 GDP 增长，进而摆脱经济危机、步入发达经济体行列。例如，美国 20 世纪 70 年代经济危机及后来居上的增长历程。第三，动荡混乱落入中等收入陷阱，是指中等收入经济体也可能在经济赶超的过程中没有能够处理好转轨路径选择和生产关系协调，从而出现了可能由早期历史遗留下来的制度、语言民族多样化制约、政治动荡、发展战略选择失误及不当的中等收入福利赶超等因素而导致的经济增长路径扭曲，从而落入“中等收入陷阱”。例如，拉美各经济体的发展轨迹。面临发展中的重大转轨阶段，在可能影响的中国中等收入发展的诸多因素中，本书认为在中等收入发展过程中研究怎样正确处理经济发展与福利发展的关系、正确把握经济发展与福利发展的方向、正确把握经济发展与福利发展的“度”，是能够为中国中等收入阶段的发展提出关键性意见的一步，从而使之顺利跨越“中等收入陷阱”，步入高收入阶段。

一、经济赶超研究背景

沿着经济发展理论的脉络，按照标志性学说或模型的提出，大致可将经济赶超的西方理论分为六个阶段，依次为后发优势理论、发展的后发优势理论、追赶假说、蛙跳模型、技术模仿函数和技术转移、模仿及创新的一般均衡模型。这些经济发展理论的创立和发展，构成本书研究经济赶超并进一步研究经济赶超与福利赶超关系的理论背景。在此先简要阐述核心观点作为理论支撑，在第三章中继续对这些理论进行详细评述。

1. 后发优势理论。美国经济史学家亚历山大·格申克龙（Alexander Gerchenkron）在对19世纪的欧洲经济发展，特别是较为落后的巴尔干地区和拉丁语系国家的经济发展问题给予了全新的解说，即著名的“落后的优势”理论。他认为，相对的经济落后并像大多数人认为的那样仅是一种劣势，相反，它有一种相对的潜在优势，即落后国家可以直接学习相对发达国家的优势，拿来作为己用，从而实现跨越式发展。

2. 发展的后发优势理论。M·列维（M. Levy）在格申克龙后发优势理论的基础上，从现代化的角度对其进行了拓展，阐述了后发优势的五大内容。第一，后发国对现代化的认识要比先发国在自己开始现代化时对现代化的认识丰富得多。第二，后发国可以大量采用和借鉴先发国成熟的计划、技术、设备以及与其相适应的组织结构。第三，后发国可以跳越先发国的一些必经发展阶段，特别是在技术方面。第四，由于先发国的发展水平已达到较高阶段，可使后发国对自己现代化前景有一定的预测。第五，先发国可以在资本和技术上对后发国提供帮助。

3. 追赶假说。阿伯拉莫维茨（Abramoitz）在1989年提出了“追赶假说”（the catch-up hypothesis），他认为，工业化水平相对落后的国家具有一种潜在的迅速增长的潜力，不论是以劳动生产率还是以单位资本收入来衡量，一国经济发展的初始水平与其经济增长速度都是呈反向关系的。

4. “蛙跳”（Leapfrogging）模型。伯利兹（Brezis）、保罗·R·克鲁格曼（Paul R. Krugman）、丹尼尔·东（Daniel Tsiddon）在1993年提出了发展中国家利用后发优势实现跨越某些技术阶段的“蛙跳”模型。某项技术相对落后的后发国家通过贸易成功学习先进技术从而实现“蛙跳”的过程中，会伴随着侵害先发国家的贸易，而这种侵害恰成为理解“蛙跳”模型的有效途径。

5. 技术模仿函数。罗伯特·J·巴罗（Robert J. Barro）将经济赶超叫做“技术扩散”，主要观点是：因为研究成果的模仿和实施比创新更便宜，所以追随经济体倾向于追赶上领先经济体。这里的追随经济体即为经济赶超中指的后发国，而领先经济体即为先发国。思路是先研究领先国的创新者的行为，再研究追随国的模仿者的行为。

6. 技术转移、模仿和创新的一般均衡模型。R·范·艾肯（R. Van Elkan）承认存在技术扩散和外溢效应，并建立了开放经济条件下技术转移、模仿和创新的一般均衡模型，从南北国之间经济发展程度差异着手，强调经济欠发达国家可以通过技术的模仿、引进和创新，从中实现技术和经济水平的赶超，最终结果导致南北国家经济发展的趋同。

二、福利赶超理论背景

英国经济学家庇古 1929 年开创福利经济学，社会福利及其内在逻辑和相关理论才正式登上学术舞台。因此，本书研究福利赶超的理论基础即为福利经济学的相关理论。然而，本书对福利发展研究的角度并不是传统意义上福利经济学的全部内容，着眼点是研究在经济赶超的过程中福利的“适度”发展。所谓“适度”，就是随着中等收入阶段向高收入阶段过渡期的到来、人民对于社会福利的诉求越来越强烈的情况下，一方面保持社会福利的增长；另一方面保证社会福利这种程度上的增长不影响而能够在一定程度上促进经济赶超。从本书的着眼点来看，最重要的是找到科学的福利赶超测度方法，并利用该方法对国外以及中国的各项指标进行测度，试图找到“适度”的点。按照较具影响力的福利测度指标产生的时间序列，福利的测度方法主要包括：1929 年及 1950 年后盛行的生产指标测度，1972 年的经济福利测度指标（MEW），1974 年的加权社会发展指数（WISP），1979 年的物质生活质量指数（PQLI），1985 年的社会健康指数

（ISH），1989 年的可持续经济福利指数（ISEW），1990 年的人类发展指数（HDI），1995 年的真实发展指标（GPI），1995 年的生活质量指数（QLI），1998 年的经济福利指数（IEWB），2006 年的幸福星球指数（HPI）和 2008 年的环境友好型幸福国家指数（ERHNI）。

三、现实背景

自 1978 年改革开放以来，中国经济开启了繁荣发展时期。1992 年，具有中国特色的社会主义市场经济体制逐步建立，标志着中国在马克思主义“按比例”规律的基础上开始了以市场作为资源配置基础的时代。中国经济随之开始步入高速增长期，年增长率始终保持在 8% 以上。期间虽然经历了 1998 年亚洲金融风暴和 2008 年美国次贷危机引发的全球金融危机，但是中国经济增长率始终稳步保持在 8% 以上，成为世界上最重要的新兴市场、最具代表性的金砖五国之一、最具发展潜力的经济体。在邓小平同志提出的“三步走”宏观战略方针的大背景下，中国在改革开放 30 多年以来一直从未停下经济赶超的脚步。“以经济建设为中心，坚持四项基本原则，坚持改革开放”这一中国共产党在社会主义初级阶段的基本路线一直以来并将在长期内扭住不动摇。这就奠定了经济赶超在我国经济发展中的战略性地位。然而，随着中国人均 GNI 的不断提高并步入中等收入阶段，在马克思主义经济学基础上选择的市场经济手段也开始呈现出大批阶段性问题，例如，人口红利的消失、资源和劳动力密集型产业比较优势的消失、工业发展与资源环境的尖锐对立以及人民对生活水平和福利水平渴求的不断提高，等等。与中国人口、资源、环境、人文等多维度高度相似的拉美及加勒比地区就在中等收入阶段的经济发展中因开展民粹主义基础上的福利赶超而一脚踩空进而步步沉沦，落入“中等收入陷阱”无法自拔。同样是经历了高速发展的黄金时期，同样是随经济发展而出现社会收入差距不断扩大的问题，面对这样高同质性先例的教训，中国应当怎样在中等收入阶段中把握好福利赶超与经济赶超的关系？这构成了本书酝酿的现实背景。

第三节　文献综述

在研究背景的基础上，对相关领域的文献进行了整理和归纳，能够更好地了解国内外学术领域对中等收入阶段福利赶超与经济赶超及相关问题的研究方向和研究程度，为相关研究打下坚实基础，同时凸显本书的创新点。由于“中等收入阶段福利赶超与经济赶超”这一论题涉及了中等收入阶段——即发展经济学领域、福利赶超——即福利经济学、制度经济学和公共经济学领域、经济赶超——即宏微观经济学领域，范围非常广泛。本书着眼点在中等收入阶段经济赶超与福利赶超的关系，即在中等收入阶段的发展中，如何处理经济赶超与福利赶超的关系，才能够帮助中国成功跨越中等收入陷阱，步入高收入国家的行列。为了能够更好地抓住已有文献论述的内在逻辑，本书进行了如下文献综述工作。

一、经济赶超问题相关文献综述

经济赶超问题的实质是经济增长和发展的问题，经济赶超是经济增长过程中的一种战略选择。对于经济增长问题，国内外学者给予了大量的研究，主要国外理论已在理论基础中进行了论述，因此不再赘述。下面，主要阐述国内学者对中国经济增长问题的观点。贾康、刘军民（2010）认为，经济赶超战略是中国经济转轨时期应当秉承的战略，这也是本书赞同的观点。他们认为经济赶超战略是具有深厚理论基础和科学研究背景的，并且经济赶超战略在中国经济发展过程中一直以来是一脉相承的，尤其是总设计师邓小平提出的“三步走”战略，是一个清晰的赶超战略规划。他们的最终结论是，中国经济发展一方面需要遵循经济增长的比较优势和递进发展的客观规律；另一方面还应积极、能动地发挥后发优势，贯彻后来居上的现代化赶超战略。以上结论也是本书对经济赶超所持的核心观点。他们认为政策性金融可以作为中国贯彻赶超战略的重要手段。吴培新（1995）对国外具有突破性进展的增长理论进行了研究，比较并评价了新古典增长理论、舒尔茨模型、阿罗专业人力资本增长模型和卢卡斯模型。刘鹤（1999）认为应对中国经济高速增长两个观念进行澄清，避免把短期的周期现象与长期的结构现象相混淆，避免把结构性选择的误区与结构调整的空间相混淆。易纲（1999）认为，中国经济增长应该强调质量，认为中国存在可持续性高速增长的五大空间是：城乡结构转换空间，所有制结构的调整空间，产业结构调整空间，趋于结构转换空间，中小企业的发展空间。刘小玄（2003）研究了中国转轨经济的特点，利用1995年全国工业企业普查数据检验了中国转轨经济中产权结构和市场结构对于产业绩效的影响作用，发现国有产权结构变量对于产业绩效具有明显的负效应，产业集中率和规模变量则具有正效应，认为高度的国有产权结构和垄断性市场的结合会具有国有结构的负效应和某种较高垄断利润的综合效果。易纲、樊纲、李岩（2003）梳理了索洛模型、罗默的内生增长模型和卢卡斯的人力资本模型，提出了四点中国经济存在效率提升的证据：改革带来的制度变迁、技术进步、人力资本、人民币的汇率走势及官方储备的增长。并认为新型经济测算全要素生产率提升过程中，应注重：新型经济国家或地区投资的相当一部分用于基础设施建设；技术进步主要靠引进技术，从发达国家购买设备。樊纲（2008，2009）认为中国经济发展需要新一轮财税体制改革，生产力的提高是中国经济增长的重要贡献因素，经济体制改革也对经济增长起很大作用。他还认为，后危机时代世界主要发达国家的消费率会降低，而储蓄率会提高；回归实业；市场竞争将越来越激烈；低碳经济将是一个新的增长点；新兴市场国家将在危机之后占据市场空间更大的比重。王小鲁、樊纲、刘鹏（2009）认为改革开放以来我国生产率（TFP）呈上升趋势，其来源也在发生变化，外源性效率提高的因素在下降，技术进步和内源性效率改善的因素在上升。在要素投入方面，教育带来的人力资本质量提高正在替代劳动力数量简单扩张的作用。目前的世界经济危机正在对中国经济增长造成不良影响，但并不是不可克服的。

二、经济增长、福利与增长陷阱相关文献综述

福利、增长与陷阱是本书试图重点把握的几个点，中国目前正处于中等收入阶段，怎样制定发展战略并处理好福利赶超与经济增长之间的关系，是重中之重。国外比较研究方面，拉美及加勒比海经济体落入中等收入陷阱不能自拔的典型现象，是作为教训值研究的负面典型。影响拉美经济落入中等收入陷阱的因素有很多，国内外学者对这些因素给予了相关领域的深入研究。樊纲和张晓晶（2009）对福利赶超与增长陷阱之间逻辑关系的研究是较为前沿和深入的，他们主要对拉美经济福利与增长的关系进行了研究，阐述了福利赶超与增长陷阱的逻辑，认为财政赤字和僵化的劳工体制是直接原因，最终观点认为应寻求经济增长与福利增进之间的平衡，对于中等收入国家的发展而言，这一结论无疑是至关重要的。刘沅（1997）研究了拉美国家劳工立法的四个组成部分，认为这种劳工立法改革形成的原因与第二次世界大战后拉美国家实施的以进口替代工业化为主的战略直接相关，最后分析了劳工立法的局限性。苏振兴（2006）认为工业化是现代化的核心，是经济增长的动力，而拉美地区选择进口替代工业化的战略导致工业化严重不足，是影响拉美经济落入陷阱一蹶不振的直接原因之一。而亚洲四小龙的发展是成功跨越中等收入陷阱的正面典型。胡欣欣（1994）论述了第二次世界大战后日本“高积累，低福利”机制，认为这是日本在当时与西方发达国家

经济水平有很大差距，且甚至低于拉美和菲律宾等亚洲国家的基础上一跃成为发达经济体的重要机制。屈霞（2010）认为，日本成功跨越陷阱的原因是采取了国民收入倍增计划，在经济产业方面鼓励国内投资和促进中小企业发展，在社会保障方面着力提高社会覆盖面，重视提高劳动者收入并大力发展教育，这些政策帮助日本经济长期大发展，成功跨越中等收入陷阱。

在福利与经济增长方面，国内外学者进行了全方位、多角度的深入研究。R. S. 艾考斯（1989）早前对中国的经济增长、消费、储蓄和工资情况进行了研究，认为中国的经济受到资本生产率相对低下的困扰，建议在考虑现在福利的同时考虑到未来福利的情况，得到的结论是中国应当选择稍微偏低的增长率和更多的消费。屈锡华、王海忠（1995）建立了社会福利指数模型，认为在传统的生产要素回报、储蓄与经济增长观点的基础上应加入对社会福利的考虑，即对收入差距与经济增长的考察；与此同时，他们认为在社会福利考察中，仅仅以国民收入这一指标来衡量远远不够，还应加入与社会福利相关的贫困指数。陈珂（2003）特定地从时滞产品生产的角度分析了经济增长与社会福利，认为时滞产品生产所带来的负外部性，使厂商利益与社会利益不一致，进而导致经济增长率与社会福利的同步下降，并可能引致资本向时滞产品生产领域流动从而加剧其影响程度，建议政府在特定的生产领域进行宏观调控。彼得·林德特（2005）认为，“大政府和高税收额会降低经济增长”这种观点是没有论证根据的，在社会福利计划开支很大的国家，其经济增长并不比开支小的国家慢。董志勇、朱晓明（2007）在经济增长模型中加入了消费者情绪波动因素，利用数值模拟的方法研究了情绪波动对经济增长和福利的影响，认为消费者情绪波动对经济增长和福利会产生很大影响，并分析了中国不同参数下的福利成本估计。唐伟霞（2008）认为初次分配中劳动者报酬比重下降和贫富收入差距扩大、能耗高、污染严重、国内企业技术水平低下、经济对外依赖程度比较高等因素影响着我国收入分配。诸大建、孟维华、徐萍（2008）考察了 1980～2005 年中国经济增长对福利的贡献，生态福利绩效、资源生产率和经济福利绩效三种绩效方法进行实证分析，认为改革开放 30 年以来，中国的经济增长对福利增长有贡献，但是这种贡献的能力在逐步下降，中国的生态福利门槛和经济福利门槛即将到来。汤向俊、任保平（2009）分析了 1949 年以来福利分配与中国经济增长之间的关系，认为中国的经济增长促进了总体福利状况的改善，但是福利分配在阶层之间存在不平等，福利分配状况受制于财政支出与政策选择，建议应改善福利分配的平等性，从投资消费需求、人力资本积累和经济社会环境三大角度正向激励。聂正彦（2009）认为，经济增长并不是福利增长的全部，较大的收入差距会对社会福利水平产生较大的影响，只关注经济增长而不注重福利不利于和谐社会的建立，同样不利于经济增长。欧阳葵（2010）试图探讨关于经济增长与不平等的综合社会福利评价体系，认为在经济增长的过程中，中国地区不平等有上升的趋势，如果能够综合考虑收入增长与不平等，整个社会福利水平能有稍微上升的趋势。

国内外学者对福利、经济增长与陷阱的问题也提出了多方见解并提供了许多政策建议。蔡昉（2008）认为，中国跨越中等收入陷阱中最有效的建议就是改善收入分配，建议加强就业与公平效率的统一、以推动公平再分配的切入点，根据中国国情制定正确的经济政策和社会改善收入再分配的政策。中国经济增长与宏观稳定课题组（2008）和陈昌兵（2009）认为，经济发展会经历马尔萨斯均衡—工业革命（经济赶超阶段）—卡尔多典型事实下的增长（新古典增长）—新经济分叉（内生经济增长），若在经济赶超阶段发生问题，就可能落入中等收入增长陷阱，即中等收入的停滞，这也是本书所赞成的观点。他们利用希克斯中性技术进步的生产函数建立了新经济增长理论的数理模型以及福利赶超型经济增长机制的数理模型，最后利用建立的数理模型分析了福利赶超与收入增长陷阱。马岩（2009）认为，工业革命理论、中等收入陷阱的发展理论和出口导向战略理论有助于跨越中等收入陷阱理论是中等收入陷阱的三条理论基础，并且提出了六个影响中等收入国家发展模式的重要因素，认为应建立平面六要素框架。余淼杰（2011）认为，中国经济的强劲发展是一个系统工程，最主要的是要实现产业链升值，并建议保证各种要素的市场合理配置以提升生产率，增加教育投入提高人力投资。段炳德（2011）认为，我国应当在拉美化教训和日本化的经验面前，学习、吸收和引入西方发达国家的先进管理经验和技术，注重解决社会问题，在提高国民收入的基础上注重提高劳动生产率。

三、财税政策、经济赶超与福利赶超相关文献综述

在讨论了中等收入阶段、经济赶超与福利赶超的理论、逻辑、模型后，本书试图将落脚点建立在财政的基础上，从财税政策的角度论述中等收入阶段经济赶超与福利赶超的平衡与发展，论述的基础在于财政、经济增长与福利之间的相关性，因此，在此对财政、经济增长与福利做出以下文献综述。

在财政与福利关系方面，贾康、王敏（2009）分析了社会福利筹资基本理论，认为财政应当支持社会福利筹资，并从实证角度分析了未来财政对社会福利筹资的支持能力，从逻辑上来看，作者认为经济增长通过财政手段影响社会福利筹资。陈昌兵（2009）认为，工业化向城市化转变的进程中，会影响财政支出，原因是在这个过程中，政府由工业化时期大力发展经济转变为福利支出目标，通过实证分析，作者认为城市化率每增加 1 个百分点，公共财政支出比重就增加 0.6293 个百分点，且公共财政支出比重随收入差距扩大而增加。苏素、望玉丽（2009）认为，公共福利基尼系数由经济增长效应，在中国，东中部地区公共福利基尼系数的经济增长效应正负交替出现，但最终负向且趋

于平稳；而西部地区公共福利的经济增长效应则一直是负向稳定的。严成樑、龚六堂（2010）分析了中国税收的增长效应和福利效应，认为税收的经济增长效应较小，但税收的社会福利损失较大，而适当提高税率有利于促进经济增长，提高社会福利水平，建议推行税收融资。

在财政与经济增长方面，贾康、王桂娟（1998）认为，财政能够通过扩大内需来实现帮助经济增长，在当时提出应当运用财政贴息方式支持政策性融资拉动社会投资的建议。贾康（1999）认为，自 1993 年之后，中国已不允许由财政向中央银行借款来弥补赤字，财政赤字完全依靠举债弥补，直接形成银行增发货币从而引起通货膨胀的压力，不会对经济增长造成直接威胁；中国名义财政赤字规模的扩大，实际上缩小了消化和弥补公共部门隐性赤字的调节余地。贾康（2005）认为，财税作为“以政控财，以财行政”的分配系统，应当调动一切积极因素来服务大局，而公共财政的建立是核心：发挥财税统筹分配的协调功能；通过财税自身改革和与其他方面的配套改革，力行制度创新和机制优化，以克服深层矛盾、化解制度与机制缺陷的制约；通过财税自身改革推进机制创新，还要注重管理创新和技术创新。中国经济增长与宏观稳定课题组（2006）认为，当前中国与民生状况直接相关的政府社会性支出不足是导致增长失衡的重要原因，建议政府加快财政支出结构转型，增加社会性支出的比重，改善民生状况，纠正增长失衡；通过社会性支出的增加，促进人力资本积累，推动增长路径的转变。贾康、刘微（2007）认为，财政政策能够在促进经济增长方式转变时所应该追求的政策效应、发挥作用的政策路径、相应的政策保障条件，并建议：深化公共财政建设；推行以“分税制”为基础的分级财政体制；改革公共收入制度；构建与资源节约型、环境友好型社会相配套的税费规范；支持创新型国家建设和企业自主创新能力建设。张璐琴、景勤娟（2007）按照新增长理论从人力资本角度出发分析了养老保险对经济增长的影响，认为合理设计养老保险体系能够通过刺激人力资本投资从而提高经济增长速度。中国经济增长与宏观稳定课题组（2008）在企业生产函数中引入了政府支持系数，认为进入中等收入阶段，随着城市化快速提高，政府转向福利支出目标，福利刚性不断加大，政企目标冲突，政府支持系数下降甚至出现惩罚，政企在新的发展阶段都面临转型，转型失败可能会落入“中等收入陷阱”，建议政府积极转型，注重福利支出与企业发展能力相匹配，而不是靠债务推动福利和增长。樊纲、魏强、刘鹏（2009）认为，财税改革有助于中国经济内外均衡，中国存在消费—储蓄失衡的问题，主要原因是企业利润虚高和国企不分红，建议从体制上解决这个问题，使储蓄率降到正常水平，以此来帮助经济恢复均衡。姚静（2009）通过实证研究认为，财政适用与社会文教支出会推动经济增长。

其中，国内很多学者对债务与经济增长的关系也提出了自己的观点。需要简单说明其中内在逻辑，政府债务是国家综合负债的重要组成部分，政府债务包括中央政府及地方政府产生的所有显性和隐性债务，部分资金负担的是财政资金的作用，而这些债务进入国家综合负债组成部分，会进而对国家综合金融风险产生一定影响，进而影响经济增长。樊纲（1999）提出了国家综合负债包括政府债务、银行负债和全部外债，并提出了国家综合金融风险的概念。孙涛、张晓晶（2007）论述了国家综合负债的结构变化，认为政府在承担社会性支出的基础上，应更多地重视和运用市场化分担方式来化解和防范国家综合负债风险，而保持经济持续稳定增长是应对国家综合负债风险的根本保障。

四、主要研究方法与创新

在文献综述的基础上，可见中等收入阶段研究经济增长与福利增长的关系具有十分明显的必要性和十分重要的意义。经济增长的方式有很多种，而本书所赞成的是继续贯彻落实一脉相承的赶超战略，才能够帮助中国继续大力发展经济，从而跨越中等收入陷阱。在贯彻经济赶超战略的同时，要注重福利赶超的发展，社会福利的提高是一个趋势，但是不能够影响到经济赶超战略的落实，应当适度发展，有利于促进经济增长。在这种平衡的过程中，财政是必经的纽带和有效的手段，其不仅影响着经济增长——通过政策效应促进经济增长、通过政策倾斜调整经济结构、通过政策改革维持经济均衡等，还影响着福利增长——能够通过收入分配影响福利、通过经济发展不同阶段的政府转型影响福利结构、还具有经济增长效应和福利增长效应等，是研究中等收入阶段经济赶超与福利赶超较为理想的落脚点。在进行中等收入阶段福利赶超与经济赶超分析并最终落脚在财税体系对策的研究过程中，采用的研究方法有：在第一章和第二章中用到的概念分析法；在导论、第一章、第五章、第七章中用到的文献调查法和逻辑推理法；在第一章、第二章、第七章中用到的比较研究法；在第三章、第四章、第五章、第六章中用到的数据分析法等。

在相关研究中：第一，没有明确提出“福利赶超指数”的概念，而这个概念对于处于中等收入阶段的中国经济发展至关重要，能够帮助找到经济赶超与福利赶超的平衡水平，尽管由于数据来源的限制，因而未能在福利赶超指数模型的基础上对平稳渡过中等收入陷阱的经济体、跨越渡过中等收入陷阱的经济体、直接落入中等收入陷阱的经济体进行数据分析和比较分析，但是仍然坚持利用拉美负面典型的影响因素建立了福利赶超指数模型，并对中国现阶段福利赶超现状进行了分析。第二，比较研究进行了很多，但是没有对中国现实情况和行政区域进行切实的调研和详细的数据分析，中国疆域广泛，不同行政区域的经济发展水平和福利水平都不尽相同，在重要的转轨阶段，应当细致研究，避免“一刀切”，本书在第三章对全国福利赶超指数分析的基础上继续对全国31个行政省、直辖市和自治区进行了分组，在组别基础上分别进行了福利赶超指数分析，并在第七章中分析了福利赶超指数在不同组别中的特点，以此来推理福利赶超指数的变化特性。第三，本书在数据分析的基础上提出了收入阶段变更前后福利赶超与经济赶超的变化规律，并使用引入“倒 U”形曲线的方法描述福利赶超对经济增长的效应，得到了福利赶超效应与经济增长的关系并对该曲线进行了权变分析。第四，也是最为重要的一点是，目前尚未有学者对此相关领域的研究提出创新思路，而笔者在导师贾康先生的指导下，提出了：中等收入阶段福利赶超与经济赶超的基本方针，中等收入阶段在改进民生中优化收入再分配的方针，即本书中提及的“瞻前顾后”四字基本方针与“维护公正、兼顾均平、引导高端、壮大中端、托好底端”的五词方针，认为应将此二项方针作为相关领域的思想基点。

第四节　逻辑图与谋篇构思

本书的逻辑图如图 1 -1 所示。中等收入阶段的福利赶超与经济赶超相关理论背景与现实意义详述见上文，在中等收入阶段的发展中，应当特别注重在经济发展进程中坚持贯彻赶超战略，而与此同时应特别注重把握福利增长的程度，既不能在贯彻经济赶超战略的进程中完全忽略福利的赶超，又不能让该阶段福利的增长过激、过猛，从而拖垮整个宏观经济、扭曲经济发展、中断经济增长。这是经济体跨越“中等收入陷阱”，成功步入高收入阶段最为重要的因素。目前，中国经济正处于中等收入阶段，这是中国经济历史以来所面临的重要转折点，并以中国经济转轨为大背景，因而中等收入阶段经济和福利的发展是一个具有战略意义的重要课题。

第一，首先阐述了中等收入阶段的概念、逻辑及前车之鉴。在世界银行划分标准的基础上，对中等收入、中等收入阶段的概念进行了描述，认定中国目前正处于中等收入阶段，且正处于下

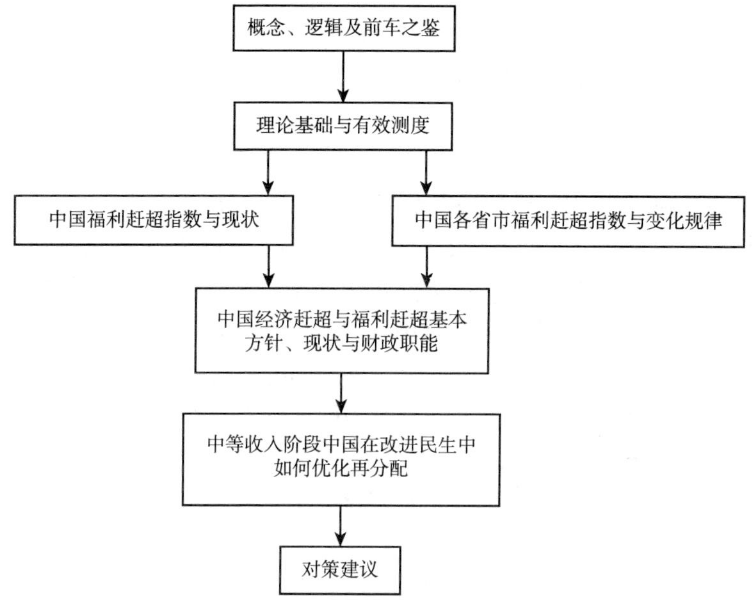

图1-1　中等收入阶段的福利赶超与经济赶超

中等收入阶段向上中等收入阶段的过渡期，并将在不远的将来进入上中等收入阶段向高收入阶段的重要过渡期。在中等收入阶段的过渡期经济发展中，拉美地区与中国经济发展在一定程度上呈现相似性，而拉美地区目前经济已落入“中等收入陷阱”无法自拔。在此情况下，中国应当切实思考“拉美化”的原因，以避免自身经济发展步其后尘。在分析导致拉美经济落入陷阱的原因后，本书认为社会贫富差距大是导致民粹主义基础上福利赶超的逻辑起点，拉美进行民粹主义基础上的福利赶超是其落入增长陷阱的主要原因。这就告诉我们，中国在中等收入阶段的发展中应当竭力避免民粹主义基础上的福利赶超。

第二，为中等收入阶段经济发展贯彻赶超战略提供了较为详实的理论依据，为读者呈现了一条经济赶超理论产生与发展的清晰思路，这些理论与新中国建立以来始终将经济发展放在首位的战略方针完全吻合，与中国初级阶段的基本方针及“三步走”战略一脉相承，从而肯定了中等收入阶段中国应当坚持贯彻经济赶超战略。与此同时，为了避免“拉美化”悲剧在中国的重演，将“竭力避免民粹主义基础上的福利赶超”这一任务落到实处，无疑是找到中国与拉美地区福利水平的比较基点，从而奠定判断现状、把握未来的基础。本书在既有福利水平测度的基础上，结合拉美地区民粹主义基础上福利赶超的特性，建立了福利赶超指数模型。

第三，利用福利赶超指数模型，计算了中国全国福利赶超指数和各省市福利赶超指数。通过将中国全国的福利赶超指数与拉美地区可获得的各项指标的比较，认定中国现阶段的福利赶超水平仍远远低于拉美地区民粹主义基础上的福利赶超水平，尚不会将宏观经济拖入增长陷阱，但仍需在未来的经济发展中继续把握好福利的增长水平。中国各省市经济发展分布于下中等收入阶段和上中等收入阶段的区间内，但水平有高有低。通过数据分析，并发现越接近收入阶段的变化点，经济增长就越应当发力，而福利增长则会减缓而为经济增长让路，从而大力推动经济体步入更高的收入阶段。总之，福利赶超对经济赶超的影响总体呈现倒 U 形。

第四，鉴于福利赶超的现状、福利赶超指数的变化规律和福利赶超与经济赶超的总体关系，本书认为中国在现阶段中等收入阶段的发展中，有必要树立“瞻前顾后”的四字方针，将眼光放向长期、避免短期行为。在放眼向高收入阶段迈进、提高福利水平的同时，应脚踏实地搞好经济发展，继续贯彻经济赶超战略。尤其应当看清中国目前经济赶超进程中所面临的问题、福利赶超自身的落实以及其在推动经济增长的过程中所出现的问题。财政政策是帮助宏观经济坚持贯彻经济赶超战略、把握福利赶超程度的有效手段。

第五，中等收入阶段的福利赶超在中国的表现形式，就是现阶段大力推行改进民生的重要举措，而中等收入阶段应当把握好福利赶超的“度”，应当避免民粹主义基础上的福利赶超，落实到中国的实践层面上，就是注重改进民生各项措施的平稳、科学、全面推行。其中，避免民粹主义基础上的福利赶超最根本的途径就是对其逻辑起点即贫富差距问题的解决，再次落实到中国的实践层面上，就是探讨中等收入阶段在改进民生中如何优化再分配问题的解决方案。该解决方案可以总结为“维护公正、兼顾均平、引导高端、扩大中端、托住底端”的五词方针。

第六，通过概念、逻辑及前车之鉴锁定对中等收入阶段民粹主义基础上的福利赶超的关注，通过理论梳理确定中等收入阶段坚持贯彻经济赶超战略的正确性，通过福利赶超模型分析中国福利赶超现状及福利赶超与经济赶超总体关系，并树立了总体方针以及在改进民生中优化再分配的方针。最后，本书在此基础上按照中等收入阶段经济赶超、中等收入阶段福利赶超的顺序提出了中等收入阶段经济赶超与福利赶超的财税建议，并针对各省市的财税建议进行了权变分析。

第五节 小 结

本章阐述了研究意义、研究背景和文献综述。研究背景分为理论背景和现实背景：理论背景主要包括经济赶超的理论脉络和福利赶超的理论模型；现实背景包括我国现阶段经济发展状况和拉美的负面教训。鉴于该专题相关研究有限，秉承严谨性，按照所涉及的领域和逻辑关系做出了较为详尽的文献综述，包括：经济赶超问题相关文献综述，经济增长、福利与增长陷阱相关文献综述和财税政策、经济赶超与福利赶超相关文献综述。采用的研究方法主要有概念分析法、文献调查法、逻辑推理法、比较研究法和数据分析法，等等。接着，总结了所完成的、具有独创性的研究工作。最后，给出了本书的逻辑图和谋篇构思，这也是本章的重点之一。

第二章

概念、逻辑及前车之鉴

本书提出的论题为“中等收入阶段的福利赶超与经济赶超”，即试图将关注的重点放在中等收入经济赶超进程中对福利赶超的把握，以期在此基础上对中国在中等收入经济赶超阶段的继续发展提出可供参考的政策建议。因此，对“中等收入”、“中等收入经济赶超”、“中等收入陷阱”和“福利赶超与中等收入陷阱”等四个关键概念的理解定位和内在逻辑阐述构成研究基础。在小结中，本章特别对四者的内在逻辑进行了串联和升华，进而形成了后续数理模型、实践调研和政策建议的逻辑基础。

第一节　中等收入

世界银行自2000年起，采用阿特拉斯法计算每年度的人均国民总收入（GNI），并在此基础上对国家和地区收入水平进行了分组：低收入（LIC）、下中等收入（LMC）、上中等收入（UMC）和高收入。这种分组随着每个财政年度数据的变化而产生相应的分组指标如表2－1所示，或者我们可以理解为，对某一个国家或地区而言，其组别和排位是动态变化的，它考察的是某一国家和地区与全球经济体发展的相对水平。当然，历年划分指标的浮动情况，也从某种程度上反映了全球经济水平的发展方向和程度。本书更加关注的是中等收入的划分指标和中国的组别。

表 2－1　2002～2010 年世界银行国家和地区分组指标　单位：美元

组别 年份	低收入国家 LIC	中等收入国家		高收入国家
		下中等收入 LMC	上中等收入 UMC	
2000	[0,755]	[756,2995]	[2996,9265]	[9266, +∞]
2001	[0,745]	[746,2975]	[2976,9206]	[9206, +∞]
2002	[0,735]	[736,2935]	[2936,9075]	[9076, +∞]
2003	[0,765]	[766,3035]	[3036,9385]	[9386, +∞]
2004	[0,825]	[826,3255]	[3256,10 065]	[10 066, +∞]
2005	[0,875]	[876,3465]	[3466,10 725]	[10 726, +∞]
2006	[0,905]	[906,3595]	[3596,11 115]	[11 116, +∞]
2007	[0,935]	[936,3705]	[3706,11 455]	[11 466, +∞]
2008	[0,975]	[976,3855]	[3856,11 905]	[11 906, +∞]

数据来源：世界银行：《2002 年世界发展报告》、《2010 年世界发展报告》。

表 2－1 中数据的特点是，本年度分组指标均采用前两年的人均 GNI 数据作为依据，如 2010 年分组指标采用的是 2008 年人均 GNI 数据。可见，世界银行对国家和地区最新分组指标是：2008 年人均 GNI 小于或等于 975 美元的国家和地区，划为低收入；在 976～11 905 美元区间内的国家和地区，划为中等收入；大于 11 906 美元的国家和地区，划为高收入。其中，中等收入国家和地区又细分为下中等和上中等两组：在 976～3855 美元区间内的国家和地区，划为下中等收入；在 3856～11 905 美元区间内的国家和地区，划为上中等收入。纵观 2000～2008 年数据，可以观察到中等收入阶段内部划分上中等收入和下中等收入的分界值分别为：2995、2975、2935、3035、3255、3465、3595、

3705 和 3855 美元；增长率分别为：-0.7%、-1.3%、3.4%、7.2%、6.5%、3.8%、3.1%和4.0%，平均增长率为3.25%。

为了更加清晰地看到中国步入上中等收入阶段的趋势，进一步编制表 2-2 和图 2-1。

表 2-2　2000~2008 年中国人均 GNI 及增长率　单位：美元

年　份	人均 GNI	人均 GNI 增长率（%）	组　别
2000	840	/	LMC
2001	890	6.0	LMC
2002	940	5.6	LMC
2003	1100	17.0	LMC
2004	1290	17.3	LMC
2005	1740	34.9	LMC
2006	2010	15.5	LMC
2007	2360	17.4	LMC
2008	2940	24.6	LMC
均值	/	17.3	/

数据来源：世界银行：《2002 年世界发展指标》、《2010 年世界发展指标》。

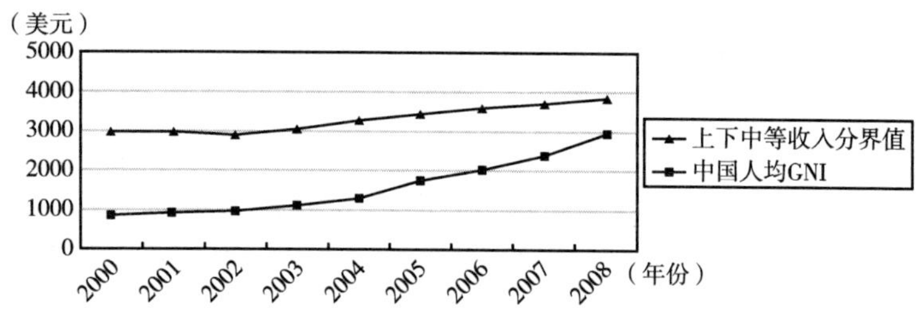

图 2-1　上下中等收入分界值及中国人均 GNI 增长趋势

数据来源：世界银行、世界发展指标，2001~2010 年。

由表 2-2 可以看出，中国人均 GNI 自 2000 年以来的平均增长率为 17.3%，远远高于中等收入阶段内部划分上中等收入和下中等收入分界值的增长率3.25%，从增长的趋势来看，中国人均GNI将在未来几年超过分界值，跨入上中等收入阶段已指日可待。从图2－1折线的走势和斜率来看，中国现在应当将中等收入阶段的经济研究提上日程，明确方向、树立方针、落实政策，加快经济转轨的进程。首先实现由下中等收入阶段向上中等收入阶段的平稳过渡，接着继续按照邓小平同志“三步走”的战略继续长期规划，正式开始向人均GNI达到发达国家的目标迈进。

自此，我们可以较为清晰地得到“中等收入”及“中等收入阶段”的描述性概念：所谓中等收入，就是以当年全球各个经济体发展水平为大背景，以阿特拉斯法计算出的各个经济体的人均GNI为核心指标进行排序，位于中等位次经济体的最高及最低人均GNI指标所形成的区间标准。所谓中等收入阶段，是指某经济体在自身发展过程中，按照当年人均GNI在全球的动态排序，从步入中等收入最低区间标准到跨越最高区间标准的经济发展阶段。

第二节　中等收入经济赶超

按照全球经济体经济发展的宏观脉络，我们清晰地认识到从斯密构架微观经济学、凯恩斯开创宏观经济学到科斯发展制度经济学，每个阶段的经济运行都具有不同的特征。按照以上对中等收入阶段的概念性描述，中等收入的区间标准是动态的和相对的，这就说明若想对中等收入阶段进行有现实意义的相关性研究，就要始终以全球经济增长的共性特征为大背景，对具有相似增长特质的阶段进行研究和分析。20世纪50～70年代，以原子能、电子计算机、空间技术和生物工程的发明和应用为主要标志的第三次科技革命达到高潮。我们可以这样认为：若世界格局在历史性短期内不会出现大的变革而人类科技也不会出现跨时代的突破，那么从80年代至今乃至以后更长的一段时间，都将处于继续深入探索和技术广泛应用的新阶段。因此，本章将80年代以后中等收入阶段福利和经济发展作为主要研究对象，尤其是典型经济体在80年代后中等收入经济赶超阶段所出现的负面问题、选取的应对战略和迄今的发展态势。

80年代以后，某发达经济体的经济增长一般已逐步经历了“马尔萨斯均衡”、“经济赶超”（工业革命）、“卡尔多典型事实下的经济增长”（新古典增长）、“新经济分叉”（内生经济增长）等阶段。① 而位于中等收入阶段的经济体的经济增长一般仍处于“经济赶超”阶段：一方面，这一阶段具有规模性收益递增的特性，加之存在技术赶超、人口红利、资源加工与开采和制度优化等增长空间，经济增长机会多、速率高；另一方面，随着经济赶超进程的推进，经济发展将逐步进入转轨阶段：经济规模性发展将逐渐饱和，边际效用递减效应开始发力，与此同时，原有增长空间也将逐步缩小，例如，人口红利消失、资源制约及资源与环境矛盾凸显、制度选择及理顺亟待落实、技术学习转为自行研发等。由此可见，由步入中等收入阶段到彻底跨越中等收入阶段，某一经济体必将面临多次数、全方位的经济转轨路径选择及多维度、全行业的经济生产关系协调。

现阶段处于中等收入经济赶超阶段的经济体有三种可能的发展路径：第一，平稳衔接步入发达阶段，是指中等收入经济体可能在经济赶超的过程中成功处理转轨路径和各项关系，沿着发达经济体的经济发展路径平稳步入下一个经济增长阶段，例如，日本和亚洲四小龙步入发达经济体的增长历程；第二，技术发力跨越中等收入阶段，是指中等收入经济体可能在经济赶超过程中没有处理好转轨路径选择和生产关系协调而出现经

① 中国经济增长与宏观稳定课题组：《增长失衡与政府责任：基于社会性支出角度的分析》，载于《经济研究》，2006年第10期，第4~17页。

济危机，但其在技术方面大举自主研发深度发力，从而拉动了整个产业链发展，高调推动整个经济体GDP增长，进而摆脱经济危机、步入发达经济体行列，例如，美国20世纪70年代经济危机及后来居上的增长历程；第三，动荡混乱落入中等收入陷阱，是指中等收入经济体也可能在经济赶超的过程中没有能够处理好转轨路径选择和生产关系协调，从而出现了可能由早期历史遗留下来的制度、① 语言民族多样化制约、② 政治动荡、③ 发展战略选择失误④及不当的中等收入福利赶超等因素而导致的经济增长路径扭曲，从而落入“中等收入陷阱”，例如，拉美各经济体的发展轨迹。

第三节 中等收入陷阱

拉美各经济体是落入中等收入陷阱的典型代表，“中等收入陷阱”由此又被形象地称为“拉美化”问题。中等收入陷阱本质上是指中等收入增长陷阱，即中等收入阶段经济增长停滞徘徊期。世界银行曾于2006年在《东亚经济发展报告》中首度提出“中等收入陷阱”这一名词，并描述性地指出：“使各经济体赖以从低收入经济体成长为中等收入经济体的战略，对于它们向高收入经济体攀升是不能够重复使用的，进一步的

---

① Acemoglu Daron, Simon Johnson and James A. Robinson, The Colonial Origins of Comparatives Development: An Empirical Investigation, American Economic Review, 91, 2001.

② Alesina Alberto and Eliana La Ferrara, Ethnic Diversity and Economic Performance, NBER Working Paper No10313, 2004.

③ Rodríguez Francisco, The Political Economy of Latin American Economic Growth, World Bank's Global Development Network Research Project, Latin American and Caribbean Economic Association (LACEA), 2001.

④ 林毅夫、蔡昉、李周：《中国的奇迹：发展战略与经济改革》，格致出版社1994年版。

经济增长被原有的增长机制锁定，人均国民收入难以突破10 000美元的上限，一国很容易进入经济增长阶段的停滞徘徊期”。在这种特殊的停滞徘徊期内，经济增长往往呈现急转直下、雪上加霜并难以企稳向好的特征，被形象地称为“落入中等收入陷阱”。

一、“拉美化”与中国经济发展

“拉美化”问题备受关注的原因，缘于其与中国经济发展历程及文化渊源的相似性：第一，两者都经历了相似的经济高速增长阶段。1950～1980 年，拉美经历了三十年的黄金增长期。这三十年期间，拉美在工业化和城市化发展方面取得了令人瞩目的成就，如表 2 –3 所示。中国自 1978 年改革开放以来，也经历了三十年的经济高速增长阶段，农业、工业和第三产业的发展均取得显著成就，经济体制改革也向前迈进了一大步，如表 2 –4 所示。两表对比可以发现，中国三十年来的经济增长比拉美当年三十年黄金增长期势头还要迅猛：拉美人均 GDP 在三十年内平均翻了一番，而中国翻了两番。由于拉美和中国的三十年高速增长期处于不同的历史阶段，其中当然不乏本国货币通货膨胀、硬通货本身通货膨胀及全球经济水涨船高等因素影响，但是这种类似的经济增长态势和增长势头迅猛程度的大趋势仍是可以清晰观察到的。第二，两者都存在相似的负面问题。这些负面问题主要有：外资企业比重大、贫富差距大、劳动市场结构性问题显著、钻体制空子的现象层出不穷等。这些负面问题也是拉美在 20 世纪 80 年代后经济逐渐陷入“中等收入陷阱”，停滞徘徊甚至出现倒退的原因。而我国经济高速增长的势头较拉美当年更为迅猛，这不得不让人担心：当年拉美出现的突出问题是否会在中国重演。第三，两者具有相似的文化渊源。拉美与中国都具有悠久的历史，无论是拉美的玛雅文化还是中国的四大发明，都彰显着祖先的聪明才智和盛极一时的古代文明，这种深刻的文化渊源深深影响着现代经济社会的发展，由此也可以被看做中国更重视研究“拉美化”的一个主要原因。因此，中国应当如何避免重蹈拉美落入“中等收入陷阱”覆辙，在现阶段中国经济转轨进程中，尤其在即将步入上中等收入阶段（UMC）的发展时期，是一项十分有必要的研究。

表 2-3　　拉美人均 GDP 绝对额变动　　单位：美元

国　家	1950 年	1980 年	增长率（%）
阿根廷	1877	3209	71.0
巴西	637	2152	237.8
巴拉圭	885	1753	98.1
巴拿马	928	2157	132.4
秘鲁	953	1746	83.2
玻利维亚	762	1114	46.2
多米尼加共和国	719	1564	117.5
厄瓜多尔	638	1556	143.9
哥伦比亚	949	1882	98.3
哥斯达黎加	819	2170	165.0
洪都拉斯	680	1031	51.6
墨西哥	1055	2547	141.4
尼加拉瓜	683	1324	93.9
萨尔瓦多	612	899	46.9
危地马拉	842	1422	71.3
委内瑞拉	1811	3647	101.4
乌拉圭	2184	3269	49.7
智利	1416	2372	67.5
平均增长率（%）	/	/	101.0

数据来源：Cardoso and Fishlow（1989），按 1975 年美元计算。

表 2－4 中国 GDP 绝对额变动 单位：亿元

指　标	1978 年	2007 年	增长率（%）
GDP	3645.2	249 529.9	674.5
人均 GDP（元）	381.0	18 934.0	487.0

数据来源：国家统计局，《中国统计年鉴（2008）》，国家统计局官方网站。

二、导致拉美经济落入“中等收入陷阱”因素剖析

拉美各经济体落入“中等收入陷阱”绝不是单一因素所导致的，正如前文所述，这些主要因素可以归纳为以下五个方面：历史制度遗留、民族和种族多样化、发展战略失误、政治动荡不安和不当的福利赶超等。

1. 历史制度遗留因素。早在 16 世纪初期，以葡萄牙侵占巴西、西班牙统治除巴西以外的其他南美地区为起点，拉美进入了长达 300 年之久的殖民统治时期。当时，宗主国在拉美实行重商主义政策，强迫并仅限拉美殖民地公民生产能在当时的国际市场中牟取暴利的几种十分有限的农矿产品，这种政策导致拉美各国逐步形成单一产品制，并大量削减了拉美地区的资源储备，严重扭曲了整个经济发展。直至 20 世纪中期，拉美所有地区才全部完成独立，因此，这种历史制度遗留因素后来一直被看做是拉美 80 年代以来经济停滞、落入“中等收入陷阱”的重要原因之一。

2. 民族和种族多样化因素。整个拉美地区人口具有十分复杂的民族和种族构成，主要民族来自拉美当地土著印第安人、后来到达拉美的西班牙人和葡萄牙人、再后来到达拉美的意法德乌及巴尔干半岛的欧洲移民以及殖民时期作为奴隶被从非洲运到拉美的黑人；主要种族包括蒙古利亚人种、欧罗巴人种和尼格罗人种。还有少数是后来移民至拉美的日本人、印度人及华人。在经历几个世纪的发展后，20 世纪拉美地区的纯血统居民已相当少，一半甚至一半以上都是混血。拉美国家使用的语言有西班牙语、

葡萄牙语、荷兰语、英语、法语及多种印第安语，仅印第安语的方言就有1700多种，包括纳华特语、瓜拉尼语、玛雅语、克丘亚语等。这样复杂的民族和种族构成，加之复杂语种所构成的交流障碍和风俗文化的隔阂，也被认为是拉美经济增长受到严重阻碍的原因之一。

3. 发展战略失误因素。这种观点是20世纪90年代以林毅夫为代表的中国经济学学者对“拉美化”进行分析时提出的，他们认为，拉美的错误在于把经济发展战略定位为“进口替代性战略”，即希望以本土生产的工业制成品来满足本国公民的需求，从而取代所有进口工业制成品。更进一步地，这种观点认为“进口替代工业化战略（ISI）”的核心失误在于优先发展重工业是其必经阶段，而在不考虑本土资源禀赋基础上的重工业优先增长，其本质是一种经济赶超，而经济赶超在以林毅夫为代表的经济学者看来，是一种扭曲产品和要素相对价格的办法，甚至以计划来代替市场机制进行的经济增长，他们认为一切合理的经济增长都应当是以比较优势战略而非经济赶超战略作为基础的。

4. 政治动荡不安因素。政治不稳定是拉美各经济体的普遍特征，主要源自民主政体与威权政体之间的不断更替加之民粹主义政策与正统宏观政策之间的更替，这种政体与政策的不断变换，导致拉美始终不能够稳定在一种发展方向上，同时严重影响了本土和外来投资者的信心，为不稳定的经济雪上加霜。其中，更为值得重视的是拉美选举中，被选举人往往利用扭曲的、不切实际的民粹主义政策对正统的宏观政策进行比较和抨击，以此来笼络民心，同时也靠此成为当权者，进而落实选举时发表的民粹主义政策。这种忽视长期宏观经济发展的短期政治方针指导下的各项政策，使摇摇欲坠的经济继续负重前行、一蹶不振。

5. 不当的福利赶超因素。福利赶超的直接原因是为了缓解由于社会收入差距不断拉大而造成的社会不稳定，加之过早、过急地照搬发达国家已经实施的社会福利制度，于是造成在经历马尔萨斯均衡、步入经济赶超阶段且经历了一定时期的发展后，没有继续坚持下去、没有持续稳定发展、没有合理选择继续发展路径、没有成功解决社会矛盾、没有考虑宏观经济的长期可持续发展，而是选择了简单、机械地照搬发达国家福利制度的方式来试图解决国内收入差距不断拉大带来的各项社会问题，想在经济赶超阶段进行所谓的“福利赶超”。

这种福利赶超的选择不是一方造就的：第一方，拉美国家经济经历了一段时期的高速增长后，社会收入差距不断扩大，导致社会各个阶层对福利的要求意愿增强，影响了社会经济生活的稳定；第二方，所有公民都有“福利赶超”这样的心态，公民最直接、最关心、最期待的就是增加收入，增加津贴、奖金、实际收入，提高购买力和生活水平，而这种“迎合大众情感的政治主张”即所谓“民粹主义”，尤其是指简单迎合而不顾长期发展的政治决策；第三方，虽然从宏观经济尤其是国家经济发展水平、国家财力水平、国民收入等发展与积累的理性角度来考虑，公民这种对福利无限的渴望不能够盲目地、一味地去迎合，但是拉美国家政治上的不稳定加之为了迎合选民的意愿而推崇民粹主义政策的政治领袖当权，导致选民的这种非理性意愿不断地、简单地、不计后果地被满足。在第一方的影响下，第二方对福利的追求开始产生并不断增强，第三方为了迎合第二方的意愿从而掌握政权，因此无限制满足第二方对福利的要求。在一段时间里面，这种民粹主义基础上对福利的强烈意愿和政治领袖当权的强烈意愿，双方互相激荡、互相加强，共同造就了拉美不当的福利赶超，即所谓“民粹主义基础上的福利赶超”。

总之，尽管导致拉美经济落入“中等收入陷阱”的因素由历史制度遗留、民族和种族多样化、发展战略失误、政治动荡不安和不当的福利赶超等共同构成，这些因素也囊括了不同层面、不同维度、不同视角的分析，但是笔者认为，以拉美政治领袖意愿和民众意愿双方激荡和加强而形成的“民粹主义基础上的福利赶超”是直接拖垮拉美经济、导致其停滞不前的最重要因素，加之这种分析的必要性可以以现阶段中国与当年拉美同时出现的社会差距过大问题为基点，因此，本书将关注的重点放在中等收入经济赶超阶段对福利赶超的把握，以期在此基础上对中国在中等收入经济赶超阶段的继续发展提出可供参考的政策建议。

三、民粹主义及民粹主义基础上的福利赶超

按照以上阐述，本书认为“拉美化”最为重要的原因是民粹主义基础上的福利赶超，本小节就在此基础上进一步阐述民粹主义的界定以及民粹主义基础上的福利赶超的界定，从而在内容上为上下文的阐述奠定理论基础，在结构上起到承上启下的作用。

(一) 民粹主义的界定

民粹主义（Populism）并没有特定的思想内涵，其发展逻辑为：社会现象—社会思潮—政治语言。民粹主义最早作为一种社会现象起源于19世纪的俄国，而后逐步在俄国发展为一种社会思潮，对其他国家和地区产生影响，并流入政治舞台，尤其影响了拉丁美洲和北美洲部分时期的政治史，逐步拓展为一种政治语言。尽管无论在历史中还是学术界民粹主义都没有特定的概念，但其在社会现象、思潮和政治舞台中的种种描述、其与意识形态结合后产生的典型表现以及广泛的影响力，使得对其的研究有迹可循。笔者认为，民粹主义自产生和发展以来，界定的要素主要有两个：第一，极端强调平民和平民化与精英相对；第二，强调群众是唯一决定性力量。民粹主义的要素界定与不同的意识形态相结合，会产生不同的描述性特征，例如，在政治舞台中，民粹主义极端强调平民和平民化可能演变为极端的民主和平均；而民粹主义强调群众是唯一决定性力量已经演变为全民统一、全民公决、全民权力制等；而民粹主义在政治舞台中演变的特征极可能被政客利用来博取政治权力，从而演变为民粹主义政治。

由此可见，“民粹主义”一词本身并不带有褒贬色彩，其只是由现象出发从而演变为社会思潮而后又进入政治舞台的一个中性词汇，而由于其自身带有极端化和方向性两大特点，与各种意识形态相结合尤其是为政治斗争所利用后，往往引发带来负面效应的行为特征而带有贬义色彩。

以上主要是从历史的角度对民粹主义进行了界定。然而，随着经济、社会、人文等因素的不断发展，民粹主义也赋予了时代化色彩。徐滇庆先生曾指出：迎合小市民的眼前利益，不顾国家长期发展，就是民粹。① 笔者对这种新时代适合于中国现阶段经济发展的解读非常赞同，如果将此描述性界定加入民粹主义极端化和方向性的特征，可以表述为：极端地满足小市民所认为的眼前利益，并且认为应当以极端地满足小市民所认为的眼前利益来维护政治稳定，赢得政权和民心，就是民粹。这种情愫在过去人口多、底子薄、日子紧的时代并未出现，而随着中国逐步步入中等收入阶段，这种民粹主义情愫逐步升温，尤其在与西方发达国家经济发展与福利体制的横向比较下，这种民粹主义情愫更倾向于对福利的追逐与渴求且更加难以理智对待。

（二）福利赶超与民粹主义基础上的福利赶超

随着经济赶超的不断发展，福利赶超的出现在一定程度上带有必然性：如果说经济赶超是必经过程和手段，那么福利赶超就可以说是经济赶超的最终目标和归宿。从这一角度上来讲，福利赶超本身并不具有褒贬色彩。然而，如上所述，在政治斗争当中，典型例子就是拉美地区的政治斗争中，政客和当权者为了夺取、巩固权力，利用民粹主义情愫推崇民粹主义基础上的福利赶超，以此来为自己赢得政治权力，而置国家长期利益和经济长期发展于不顾，从而催使拉美地区落入“中等收入陷阱”。因此，民粹主义基础上的福利赶超是带有贬义色彩的，是中国在中等收

---

① 徐滇庆、李昕：《看懂中国贫富差距》，机械工业出版社 2011 年版。

入阶段福利赶超过程中尽量避免的。从这个角度上来讲，本书在中国中等收入阶段经济赶超进程中的观点既不是全盘否定福利赶超，也不是全盘摒弃民粹主义，而是应当充分肯定福利赶超的必然性，也充分认识民粹主义的现实性，在此基础上，防范“民粹主义基础上的福利赶超”的出现，把握好福利赶超的度。

第四节　福利赶超与中等收入陷阱

如前文所述，拉美的福利赶超最为直接的原因是应对三十年黄金增长期带来的社会收入差距扩大。这一点其实是值得深思的，任何经济体在强烈的工业化进程中都有可能出现的社会收入差距扩大问题，为何在拉美引发了强烈的福利赶超，甚至最终将拉美经济拖入“中等收入陷阱”呢？答案恰在于拉美社会收入差距的内部和阶段特殊性。内部特殊性主要表现在两方面，即历史原因和民族种族原因。拉美在经历了长期殖民地生活加之民族和种族十分多样始终对平等问题非常敏感，加上遗留下来的历史制度早已导致国家非常落后，工业化和城市化进程本已举步维艰，创造就业和解决城乡问题就更加困难，导致短期内想靠经济增长来有效缓解社会收入差距扩大问题非常困难，另存在多语种、多信仰等人口结构问题，不断催化收入差距矛盾。阶段特殊性表现在三个方面，即外部发达国家的榜样效应、当权阶层的贪婪和内部公民对福利的无限渴求。外部发达国家的榜样效应本来是经济赶超的前提，落后经济体发起后发优势对发达经济体进行技术学习和制度优化而实行赶超，是中等收入经济赶超阶段的合理路径。然而，拉美后来的赶超路径并没有沿着学习技术和长久有效制度体系而继续推进经济赶超的方向来进行，而是扭曲地转向了忽略本土财政约束、机械照搬发达国家福利水平和福利体制的方向。当时的发达国家已经经历了几轮的“经济迅速增长—工资福利上涨—经济继续迅速增长”，在经济发展水平到达一定高速且逐步稳定后，才进入“工资福利上涨—建立福利保障体系”的转变，又经历一定时期的福利覆盖面扩大和福利水平提高，终于逐步建成福利国家体制。因而拉美这样经济落后的经济体过早地照搬发达经济体历经发展才得以推行的体制，只能是力不从心、适得其反。后两点各自的内涵和相互增强、相互激荡的作用已在前文有所阐明，在此不再赘述。因此，这一点正可以作为阐述福利赶超与中等收入陷阱之间逻辑关系的起点，而后拉美整个福利赶超走向增长陷阱的过程，可以概括其为由“扭曲的经济赶超到失败的经济赶超”之路，扭曲的经济赶超指由经济赶超转向福利赶超，失败的经济赶超指由福利赶超落入中等收入陷阱。

一、扭曲的经济赶超——由经济赶超转向民粹主义基础上的福利赶超

扭曲的经济赶超是拉美经济落入中等收入陷阱的重要一环，在这个进程中，拉美民粹主义情绪发挥了不可忽视的作用，直接导致拉美经济体出现了民粹主义城市化与滞后工业化的矛盾、民粹主义国有化与外资依赖的矛盾，并实行了民粹主义基础上的福利赶超。

（一）民粹主义城市化与滞后工业化的矛盾

拉美的城市化在民粹主义的影响下过度发展，而与之伴随的是工业化发展的严重滞后，两者成为中等收入经济赶超阶段拉美经济增长过程中的主要矛盾。拉美在工业化方面实行“进口替代工业化战略”（ISI），这项战略的实质是以扭曲要素和市场价格来抵御出口、保护本土产业为代价，从而严重阻碍了拉美的工业化发展，导致拉美1980～2000年以来工业化水平整体偏低并伴随倒退现象。与此同时，拉美民粹主义积极推进城市化进程，以此来迎合民众意愿、赢得选举。

这种民粹主义城市化与滞后工业化的矛盾如图2－2所示：图中柱状部分显示为拉美各国2005年城市化率，除极个别国家

以外，大部分拉美国家的城市化水平都达到了50%以上；图中折线部分显示为拉美各国2005年工业化率，除古巴一国工业化水平相对较高，达到了40%以上，其他国家的工业化水平均在40%以下。从图2-2中可以看到显示工业化率水平的折线整体在民粹主义下过高的城市化水平柱状图中穿梭，而且整体完全低于民粹主义城市化水平。最严重属巴拿马地区，城市化水平接近60%，而工业化水平还不足20%；工业化水平最高的古巴，也承受着城市化水平逼近80%的巨大压力。

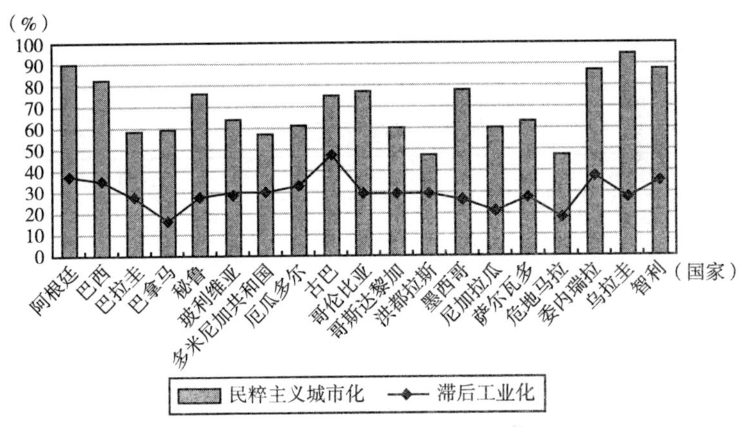

图2-2 拉美民粹主义城市化与滞后工业化

数据来源：UNDP，World Bank；CIA World Factbook：2005.

民粹主义城市化与滞后工业化的这种矛盾为拉美带来一种特殊的、畸形的解决方向，即非正规部门的大量涌现和长久存在。民粹主义城市化为城市带来了过量流动人口，导致城乡人口比例严重失调；滞后工业化所能够容纳的劳动力十分有限，加之这种过量涌入的流动人口。另外，还有过于迅猛城市化所带来的劳动力就业的结构性问题，导致大量劳动力无处可去。这种突出的发展矛盾、扭曲的劳动力市场及漏洞百出的制度催生了大批非正规部门，在下文中，本书还要阐述这些非正规部门怎样在后续的福利赶超过程中继续被催化而不断发展壮大。

（二）民粹主义国有化与外资依赖的矛盾

拉美的民粹主义国有化浪潮与其历史上就深入其骨的对外资的依赖成为限制拉美经济发展的另一个重要矛盾。如前文所述，早在16世纪初拉美就受到葡萄牙和西班牙的侵占，开始了长达几个世纪的殖民地历史，在这一段历史发展过程中，拉美的本土经济完全受到其宗主国的摆布，或者我们可以这样认为，拉美作为殖民地时期的经济发展史就是外资独霸一方的发展史，这样的历史背景导致拉美经济一直处于过分依赖外资的形势中，具体阶段和数据如表2－5所示。

表2－5　　拉美外资占GDP比重　　单位:%

1914年	1980年	1990年
271	33	47
第二次世界大战前：变相的国内投资	第二次世界大战后：强调民族独立，限制外资	金融自由化：新一轮的外资引入

数据来源：樊纲、张晓晶，《福利赶超与增长陷阱：拉美的教训》。

第二次世界大战前，拉美大部分地区尚未民族独立，在殖民地进行所谓的“外商投资”其实是一种变相的国内投资而已；第二次世界大战后，拉美开始强调民族独立，力争摆脱外资依赖，开展“进口替代工业化战略”和“国有化战略”，试图通过国有化浪潮来替代所有进口工业商品，为此不惜扭曲要素价格和产品价格，造成整个市场扭曲，工业化进程步履维艰。拉美而后推行的金融自由化，助推本国外资由33%上升至47%。

按照经济增长路径的理性分析，拉美这样的落后经济体在经济赶超阶段应当在政府控制水平内果断借助外国丰富的资本来发展本国经济，这样才能够在相对短期内大力实现经济增长，拉动整个经济体内的经济发展。然而，拉美历史上的殖民原因成为了民粹主义政客为操纵政权而利用的重要工具，这些政客利用民粹主义情绪将外资扭曲为另一种类型的“侵略”，转而将抵制外资、大力推行国有化作为迎合民众意愿的筹码。这种手段在20世纪七八十年代曾盛极一时，后稍有缓解，但随着90年代左右拉美金融自由化的到来，这种手段再次卷土重来，激起新一轮的民粹主义国有化浪潮，严重制约了拉美的经济增长。

（三）民粹主义基础上的福利赶超

福利本来应是随中等收入经济赶超阶段的不断深化和发展而逐步提高的，然而，拉美的民粹主义将福利赶超作为了经济赶超最为重要的目的，其微观与宏观上主要表现为劳动就业和社会性支出两个方面。

首先，从微观上来讲，拉美福利赶超将重点投向劳动就业。拉美劳工立法由四大主要部分组成：保护就业和劳动条件的立法、集体谈判制度、劳资纠纷处理程序和社会保障制度，其中，保护就业和劳动条件的立法又细致涵盖了就业保护、工时保护、工资保护、解雇赔偿、劳工休假、劳动安全等方面。拉美这种劳工立法至少带来三个方面的后果：第一，提高雇主的劳动力成本导致失业率上升。拉美劳工立法的就业保护、解雇赔偿及劳工休假等方面，的确为广大劳工带来了福利，但是后来不断提高的社会保障税成为雇主的沉重负担，无论是国有企业雇主、外资企业雇主还是个体工商户雇主都要缴纳大量的社会保障税，有数据表明，20世纪80年代后期，拉美许多国家的社会保障税一度达到40%~50%，与欧洲国家平齐甚至超过了欧洲国家，这种社会保障的提高显然是迎合大多数民意的，但是短期激化发展会显著提高雇主的劳动力成本，导致雇主寻求其他更为经济的资本要素来代替劳动要素，降低了就业率，进而导致众多追随高社会保险和全社会保障的劳工大众失业。第二，劳动力市场流动性差导致结构性问题。已经缴纳的大比率的社会保障税加上解雇赔偿金，使劳动力的流动成本很高，削减了劳动力市场自主配置资源的力量。第三，非正规部门的不断扩大。非正规部门出现的直接原因如前文所述，即民粹主义城市化与滞后工业化之间的矛盾，而其不断扩大正是由于民粹主义基础上的福利赶超下，劳工立法的规定导致正规部门背负高社会保障税，而非正规部门不受高社会保障税的压力。与此同时，正规部门雇主的成本不断升高，导致雇主寻求其他资本要素来代替劳动要素，失业的劳工大都也流入了非正规部门，根据哈佛大学经济学院的统计数据，拉美地区1950年非正规部门平均就业率为10%左右，到1970年仅上升了2个百分点，而发展到1990年，非正规部门平均就业率在40%左右，近20年以来还在不断攀升。

从宏观上来讲，拉美福利赶超将重点放在了扩大社会性支出。一国财政支出的两大基本方向为生产性支出和社会性支出，而拉美80年代以后为迎合民粹主义的需要不惜将财政支出着力于扩大社会性支出方面，甚至在财力严重不足的情况下扩大赤字来满足社会性支出。扩大社会性支出集中表现在其占GDP的比重和占总支出的比重不断攀升，如表2－6所示。

表2－6　1990～2000年拉美社会支出占GDP的比重　单位：%

国家＼年份	1990～1991	1992～1993	1994～1995	1996～1997	1998～1999	2000～2001
阿根廷	19.3	20.1	21.1	20.0	20.8	21.6
巴西	18.1	17.7	19.3	17.3	19.3	18.8
巴拉圭	3.1	6.2	7.0	8.0	8.5	8.5
巴拿马	18.6	19.5	19.8	20.9	21.6	25.5
秘鲁	4.0	5.3	6.7	7.1	7.7	8.0
玻利维亚	/	/	12.4	14.6	16.3	17.9
多米尼加	4.3	5.9	6.1	6.0	6.6	7.6
厄瓜多尔	5.5	5.8	7.4	8.2	8.1	8.8
哥伦比亚	6.8	8.1	11.5	15.3	14.0	13.6

续表

年份 国家	1990～1991	1992～1993	1994～1995	1996～1997	1998～1999	2000～2001
哥斯达黎加	15.6	15.2	15.8	16.8	16.4	18.2
洪都拉斯	7.9	8.1	7.8	7.2	7.5	10.0
墨西哥	6.5	8.1	8.8	8.5	9.2	9.8
尼加拉瓜	11.1	10.9	12.2	11.3	13.0	13.2
萨尔瓦多	/	3.1	3.4	3.8	4.1	4.2
危地马拉	3.4	4.1	4.1	4.3	6.0	6.2
委内瑞拉	8.5	8.9	7.6	8.3	8.4	11.3
乌拉圭	16.9	18.9	20.3	21.3	22.8	23.5
智利	11.7	12.4	12.3	13.0	14.7	16.0
平均水平	10.1	10.9	11.7	12.1	12.8	13.8

数据来源：ECLAC，Social Expenditure Database.

由表2－6中数据不难看出，整个拉美地区各个国家从1990～2000年社会性支出占GDP的比率不断上升，平均比率更是从10%左右上升至接近14%，整个拉美地区社会性支出占公共支出的平均比重更是由41.8%上升至47.8%，个别国家社会支出占公共支出的比重高达60%～70%。随着金融自由化后民粹主义的又一轮回归，可以预测社会支出的比重还将进一步扩大。

二、失败的经济赶超——由民粹主义基础上的福利赶超落入中等收入陷阱

由民粹主义基础上的福利赶超导致经济赶超失败从而落入中等收入陷阱的逻辑规律可以被称做“民粹主义宏观经济学”（Dornbusch&Edwards，1989），逻辑路径大致为：宏观政策初战告捷—经济增长遇到瓶颈—经济发展全面短缺—民粹主义政府

破产。

（一）宏观政策初战告捷

第一阶段的主要表现是：民粹主义政府在经济赶超的背景下实施福利赶超，经济产出水平和实际工资水平在一开始得到普遍提高，同时由于出台了劳工立法，能够保持合意就业率，并迎合民众意愿，提高社会保障水平，经济呈现出一片欣欣向荣的景象。

然而，这种表象存在着种种隐形问题：第一，隐形财政赤字问题。民粹主义政策在这一阶段充分迎合民众意愿，不顾本国财力水平的制约，甚至不惜一味扩大财政赤字来达到民粹主义追求。于是表现出财政赤字扩大，财政收入出现以扩大赤字为代价的提高，以此来拉动国内总需求，促进就业上升。与此同时，民粹主义政府严格控制物价，从而提高的民众工资的实际购买水平。第二，隐形国际收支问题。拉美各国国内商品短缺依靠进口来弥补，从而导致大量外汇用于进口，同时还实行控制物价，因此每花费一笔外汇用于从国外进口商品，就意味着还要再附加一笔财政开支来控制该进口商品的物价，导致隐形国际收支问题严重，外汇短缺问题逐步显露。第三，隐形劳动市场问题。在这一阶段，民粹主义的主张逐步彰显，劳工实际工资很高，整个劳动市场的就业率也保持在合意水平，民众从劳工立法中得到实惠，但随着民粹主义进一步深化，劳工立法中对社会保障制度的要求提高，雇主企业必须缴纳的社会保障税随之提高，种种矛盾都隐性潜伏而尚未显现。

（二）经济增长遇到瓶颈

由于第一阶段属于纯消耗阶段，而没有什么积累，所以进一步的发展就遇到了瓶颈制约。第二阶段出现了第一阶段中存在的隐形问题：一方面，以扩大财政赤字为主的财政收入增加造成对国内商品的巨大需求，这种巨大需求与生产供给不足严重对立，因此，更多的商品要依赖通过外汇购买进口，与此同时，已经非常吃力的财政还要维持所谓的“高福利”，要赶超欧美、简单机械照搬欧美福利制度，更加为财政雪上加霜；另一方面，由于大笔外汇前一阶段已经用于进口，导致外汇越来越短缺，即使现阶段需要更多的商品，也没有更多的外汇再去进口来满足需求。这种典型的供给矛盾导致民粹主义政府控制物价的行为无法继续，只能施行价格调整、本币贬值、外汇管制、产业保护。这一阶段，根据民粹主义的主张，民众的工资增长的很快，但是这一阶段的通货膨胀增长更快，导致实际购买力开始下降。

（三）经济发展全面短缺

第二阶段产生的问题只是冰山一角，种种问题在第三阶段得到了全面爆发。第一，这一阶段外汇缺口越来越大，政府职能通过不断贬值来试图稳定经济，但是国内混乱的局面导致贬值效果很小，加之国内不断恶化的经济形势，导致国内资本外逃及经济的去货币化。第二，财政政策只能选择降低税收来刺激经济，但是税收的减少直接导致财政收入减少，而经济所需的补贴成本却不断攀升，进而导致预算赤字不断扩大、甚至恶化，政府努力减少赤字，于是经济政策变得无法运行、不可持续。第三，由于通货膨胀率急剧上升，民众的实际工资大幅下降，供求矛盾逐步尖锐，民众对于福利的追求还没来得及得以实现就落入了比赶超福利之前更加凄惨的局面，民粹主义更加妄谈实现，政府完全束手无策。

（四）民粹主义政府破产

经历了前三个阶段的发展后，前一任民粹主义政府必然破产倒台，新一任政府将出面主持大局，实施正统宏观政策下的稳定计划，或借助 IMF 等国际机构的援助，继续维持本国经济发展。此时，国内民众实际工资已出现大幅下降，低于民粹主义政府当政之前的水平，并将在很长一段时期维持在这样的低水平下，经济增长缓慢、停滞不前，甚至出现倒退，落入所谓的“中等收入陷阱”。这是一轮民粹主义政府实施福利赶超所带来的严重后果，如前文所述，自20世纪90年代拉美实施金融自由化之后，民粹主义情绪再次高涨，新一轮的回归箭在弦上，这种一轮又一轮的民粹主义基础上的福利赶超使拉美经济彻底落入“中等收入陷阱”难以自拔。

第五节 小　结

本章阐述了中等收入的定义、中等收入阶段经济赶超、中等收入陷阱及福利赶超和中等收入陷阱的逻辑路径，是全文论述的逻辑基础。

所谓中等收入，以各经济体人均GNI为核心指标对全球各个经济体进行排序，位于中等位次经济体的最高及最低人均GNI指标所形成的区间标准。中国人均GNI虽然刚刚步入下中等收入水平的上限，但是从全球中等收入标准的增长速率和中国人均GNI增长速率的比较中可以看出，中国在不久的将来即将步入上中等收入水平，即经济赶超的后半段。因此，研究这一经济发展阶段对中国现阶段经济发展具有现实意义。

中等收入阶段经济赶超是现阶段经济增长路径中的必经阶段，这一阶段的特殊性在于：一方面具有规模性收益递增的特性及多项增长空间；另一方面经济发展面临转轨：经济规模性发展将逐渐饱和，边际效用递减效应开始发力。国际上有平稳度过和成功跨越中等收入经济赶超阶段的，也有在这个阶段失败而落入“中等收入陷阱”的，而中国正处于中等收入经济赶超阶段，更应当关注这一经济发展时期的战略问题。

所谓中等收入陷阱，是指使各经济体赖以从低收入经济体成长为中等收入经济体的战略，对于它们向高收入经济体攀升是不能够重复使用的，进一步的经济增长被原有的增长机制锁定，人均国民收入难以突破10 000美元的上限，一国很容易进入经济增长阶段的停滞徘徊期。中等收入陷阱中最典型的就是“拉美化”问题，关注拉美化问题的原因是拉美地区经济增长及文化背景与中国的相似性。导致拉美落入“中等收入陷阱”的因素有：历史制度遗留、民族和种族多样化、发展战略失误、政治动荡不安和民粹主义基础上的福利赶超，其中，本书认为民粹主义基础上的福利赶超是造成“拉美化”问题的最主要原因。

拉美民粹主义基础上的福利赶超将拉美经济拖入“中等收入陷阱”的逻辑起点是社会收入差距扩大，其本质是在拉美经济处于中等收入经济赶超阶段时没有继续实行经济赶超，而是转向福利赶超。主要路径经历了扭曲的经济赶超和失败的经济赶超：扭曲的经济赶超指由经济赶超转向民粹主义基础上的福利赶超，表现为民粹主义城市化与滞后工业化的矛盾、民粹主义国有化与外资依赖的矛盾及民粹主义基础上的福利赶超；失败的经济赶超指由民粹主义基础上的福利赶超落入中等收入陷阱，逻辑路径为：宏观政策初战告捷—经济增长遇到瓶颈—经济发展全面短缺—民粹主义政府破产。

第三章

理论基础与有效测度

正如第二章中阐述的中等收入阶段福利赶超与经济赶超相关概念及逻辑路径，拉美经济落入“中等收入陷阱”的主要原因是没有能够继续中等收入阶段经济赶超，而是转向民粹主义基础上的福利赶超，其中内在逻辑已在前文阐明，在此不再赘述。然而，尽管福利赶超与中等收入陷阱之间有千丝万缕的逻辑联系，但是在中等收入阶段采取规避民粹主义基础上的福利赶超、坚持经济赶超的措施就可能使经济顺利度过中等收入阶段，又有怎样的理论依据呢？这是本章节首先要探究的问题。经济赶超是必经过程和手段，而福利赶超是最终目的和归宿。在中等收入阶段的发展中，如何在坚持经济赶超的基础上把握好福利赶超的“度”正是本章有效测度部分关注的重点。

第一节　中等收入经济赶超阶段的理论评述及必要性探究

沿着经济发展理论的脉络，按照标志性学说或模型的提出大致可将经济赶超的西方理论分为六个阶段，这些标志性学说或模型基本都以同一时期的经济增长特点、理论及模型为基础，共同形成经济赶超的独特理论体系。以经济赶超科学、缜密的理论体系为基础，本小节继续阐述了中等收入阶段经济赶超的必要性。作为即将步入上中等收入阶段的国家，中国的经济发展一直秉承经济赶超的战略思想，从马克思主义中的经济赶超思想到中国的“三步走”战略和科学发展观，都体现了中国秉承经济赶超战略的正确性、必要性和长期性。

一、经济赶超理论评述

如前文所述，某一经济体的发展一般要经历“马尔萨斯均衡”、“经济赶超”（工业革命）、“卡尔多典型事实下的经济增长”（新古典增长）、“新经济分叉”（内生经济增长）等阶段，其中，经济赶超是中等收入阶段最为重要的经济增长路径，或者称之为一种经济发展战略，即经济赶超战略。纵观全球经济发展史，以相对更为“现代化”的经济角逐和赶超过程从未停歇，这种经济赶超理论也随着不同时期经济增长理论或模型的发展而不断深化。这种关于经济赶超理论体系的深入探究有助于更清晰地阐明其必要性。抽丝剥茧地追溯经济赶超战略的理论基础，可以沿着经济发展理论的脉络，大致按照标志性学说或模型的提出将经济赶超的西方理论分为六个阶段：美国经济史学家亚历山大·格申克龙提出后发优势理论，美国社会学家 M. 列维从现代化的角度发展后发优势理论，阿伯拉莫维茨提出追赶假说，伯利兹、克鲁格曼和丹尼尔·东提出“蛙跳”模型，罗伯特·J·巴罗提出独特的技术模仿函数，R·范·艾肯建立技术转移、模仿和创新的一般均衡模型。这些标志性学说或模型基本都以同一时期的经济增长特点、理论或模型为基础，具有鲜明的时代特征，它们都是同一时期经济发展理论最为重要的分支，而它们串联在一起又形成了关于经济赶超的独特理论体系。

（一）后发优势理论

美国经济史学家亚历山大·格申克龙（Alexander Gerchenkron）在对 19 世纪的欧洲经济发展特别是较为落后的巴尔干地区

和拉丁语系国家的经济发展问题给予了全新的解说，即著名的“落后的优势”理论。他认为，相对的经济落后并像大多数人认为的那样仅是一种劣势，相反，它有一种相对的潜在优势，即落后国家可以直接学习相对发达国家的优势，拿来作为己用，从而实现跨越式发展。

格申克龙得到后发优势理论源于以经济落后的历史透视为研究背景，对“现代工业化前提”概念的思考。所谓现代工业化前提，是指当时被广泛认为的在工业化得以开始之前，某些主要的障碍必须被清除，某些有利于工业化发展的条件也必须创造出来，实质是认为每一个工业化都必然要基于同样一组前提条件且工业的发展具有一致性。①这种前提认为无论是开拓式前行的发达国家，还是相对落后的发展中国家，其工业化进程都存在不可跨越的发展步骤，只有当这些条件即所谓“前提”踩着发达国家曾经的脚印、经过若干年的成熟发展之后，才能够实现。然而，格申克龙对此持保留态度，这种反思恰引发了其对于后发优势的思考。格申克龙认为，较不发达国家“落后的优势”使其“克服经济进步前提的缺失”成为可能，落后的国家可以通过引介多种发达国家的工业化模式并对其进行选择、组合并在此基础上、结合本国的各项条件加以创造，这种创造在世界经济发展中并不具有跨时代意义的历史性，但却对本国经济的发展起到了至关重要的作用。这种克服经济进步缺失的前提、引介发达国家的工业化模式的所谓后发优势，致使后发国家能够在经济上实现赶超，缩短初级工业化的时间，较快实现高水平工业化发展。格申克龙的这种后发优势理论，借鉴了马克思在《资本论》中阐述的逻辑和观点。

格申克龙的后发优势理论可以看做是经济赶超思想的源

---

① 亚历山大·格申克龙：《关于现代工业化的“前提”概念的反思，经济落后的历史透视》，商务印书馆 2009 年版。

头，这种通过多经济体、长时间序列、多经济指标的理论阐述将经济赶超思想纳入了科学、严谨、缜密的理论研究行列。尽管格申克龙在阐述中一再表明，后发国家实现赶超需要各项成本巨大的付出，与此同时，由于工业化程度、资本条件、金融体系、文化风俗等方面的差异，后发国家并不能靠直接引入发达国家高精尖技术及运行体制来实现赶超。进一步分析认为：后发国家依靠综合引介多种发达国家的工业化模式，在本国实际条件基础上进行再创造来实现经济赶超，是相对高效且完全可能的。

（二）发展的后发优势理论

M. 列维（M. Levy）在格申克龙后发优势理论的基础上，从现代化的角度对其进行了拓展，阐述了后发优势的五大内容：[①] 第一，认识层面，后发国对现代化的认识要比先发国在自己开始现代化时对现代化的认识丰富得多。从发展伊始，后发国家对工业化和现代化的认识程度比发达国家在本国工业化发展开端时对其的认识程度要高，主要表现在通过发达国家实践中的经验能够得到更为丰富的认知且在开端时期就重视工业化和现代化发展，并在发展过程中直接引介发达国家的经验。第二，制度层面，后发国可以大量采用和借鉴先发国成熟的计划、技术、设备以及与其相适应的组织结构。发达国家在其工业化和现代化进程中逐渐形成了行之有效的政策、组织构架和制度设计，这些都能够保障一国工业化和现代化的良性运转，后发国家可以通过引介并创新直接在本国加以运用。第三，技术层面，后发国可以跳越先发国的一些必经发展阶段，特别是在技术方面。后发国家可以引介发达国家在发展中不断发明创造、优化成熟的高新技术，节省高新技术研发产生的大笔经

① Marion J. Levy, Modernization and Structure of Societies: a Setting for international Relations, Princeton University press, 1996.

费，跨越其研发所需的大量时间，从而在短时间内实现赶超，迅速推进其工业化和现代化进程。第四，路径层面，由于先发国家的发展水平已达到较高阶段，可使后发国家对自己现代化前景有一定的预测。随着后发国家工业化和现代化的发展，其向前推进的路径就显得极为重要，在这一层面，发达国家早已度过了选择的岔路口，而已经被证实成功的道路就是后发国家继续的发展方向。第五，合作层面，先发国家可以在资本和技术上对后发国提供帮助。与发达国家在工业化开端的孤立无援不同，后发国家可以通过外交等手段得到来自发达国家的帮助，从而更快地实现经济赶超。

（三）追赶假说

阿伯拉莫维茨（Abramoitz）在1989年提出了“追赶假说”（the catch-up hypothesis），[①] 他认为工业化水平相对落后的国家具有一种潜在的迅速增长的潜力，不论是以劳动生产率还是以单位资本收入衡量，一国经济发展的初始水平与其经济增长速度都是呈反向关系的。他认为，这种增长力是潜在的（potential），要实现这种追赶需要特别的条件（qualification）：第一，技术上要有差距才能实现赶超；第二，在技术差距的基础上，社会体制要相对进步，才有能力实现技术仿效从而实现赶超。此外，他还认为，追赶假说中谈到的潜在增长力具有自我限制性，简单来说，是因为后发国家在追赶过程中与先发国家的差距会越来越小，那么这种潜在增长力也会随之减弱。

（四）“蛙跳”（Leapfrogging）模型

伯利兹（Brezis）、保罗·R·克鲁格曼（Paul R. Krugman）、丹尼尔·东（Daniel Tsiddon）在1993年提出了发展中国家利用

① M. Abramjoritz: Thinking about Growth, Cambridge University press, 1989.

后发优势实现跨越某些技术阶段的“蛙跳”模型。① 模型以最简明的巴西—美国两国的食品行业为例着手分析，经过“基本模型—短期均衡—某一技术时代动态发展—实现蛙跳”的分析过程，“蛙跳”模型实现如图 3 – 1 所示。

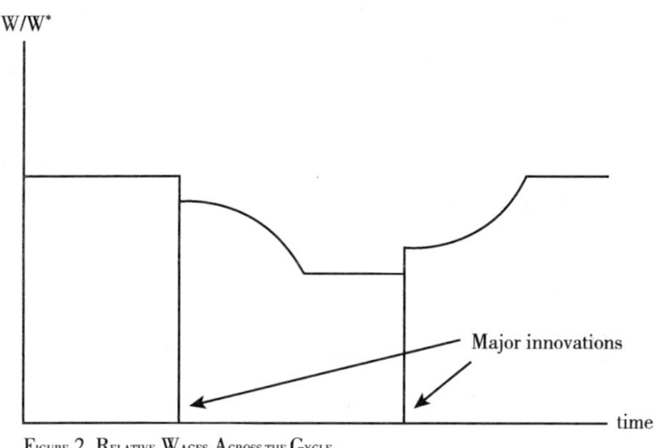

图 3 – 1 “蛙跳”模型实现

某项技术相对落后的后发国家通过贸易成功学习先进技术从而实现“蛙跳”的过程中，会伴随着侵害先发国家的贸易，而这种侵害恰成为理解“蛙跳”模型的有效途径，如图 3 – 1 所示。后发国家实现一轮“蛙跳”的整个过程按照图 2 – 1 中标识的两条重点虚线，可以将整个过程分为三个阶段：第一阶段，后发国家未对先发国家进行技术赶超，曲线相对平稳，先发国家对后发国家的平均工资率保持在比率 μ/（1 – μ）；第二阶段，与先发国家进行技术交换，工资优势开始明显下降，曲线明显下降；第三阶段，随着技术进步继续深化，情况逐渐逆

① Brezis，Paul Krugman，Tsidden：Leap-frogging in international Competition：a Theory of Cycles in National Technological Leadership，American Economic Review，83，1993.

转，接着进入相对平稳期，即准备进入下一轮“蛙跳”阶段。

（五）技术模仿函数

罗伯特·J·巴罗（Robert J. Barro）将经济赶超叫做“技术扩散”,[①] 主要观点是：因为研究成果的模仿和实施比创新更便宜，所以追随经济体倾向于追赶上领先经济体。这里的追随经济体即为经济赶超中指的后发国家，而领先经济体即为先发国家。思路是先研究领先国家的创新者的行为，再研究追随国家的模仿者的行为。

在此需要说明的是，笔者在梳理经济赶超理论基础及模型的过程中，认为巴罗的技术模仿函数（或称为领先者—追随者模型）描述经济赶超相对更为科学和严谨，原因有两点：首先，科学性表现在其对技术扩散的研究建立在一系列经典高级宏观经济学理论基础之上，从索洛—斯旺的经济增长模型、拉姆齐模型及开放的拉姆齐模型、内生增长模型及特别关注人力资本的内生增长模型到技术变革模型，最后发展出技术扩散模型；逻辑路径为：索洛—斯旺模型揭示出经济体之间的收敛趋势源自资本的收益递减，拉姆齐模型中阐述了储蓄率行为会改变这种倾向，收敛的快慢取决于贫穷经济体的储蓄占其收入的比例，开放的拉姆齐模型中研究的开放经济体之间的资本流动会加速收敛，技术变革模型发现，如果研发投资具有不变收益，那么长期增长就会实现，但是由于研发技术的扩散性，因此也倾向于加速整个机制的收敛性。其次，严谨性表现在巴罗技术模仿函数运用了较为严格的高级宏观经济学模型来刻画技术扩散的两个主体的经济发展动态，并在宏观上对两者进行了综合把握，认为虽然在只有研发投资的经济中可能会出现不变收益，实现经济长期增长，但是由于技术扩散行为的存在，也造成了整个经济机制具有收敛性。如前文所述，经济赶超理论模型都是该时期经济增长模型的一个重要

---

① 罗伯特·J·巴罗、夏维尔·萨拉—伊—马丁：《经济增长》（第二版），格致出版社 2010 年版。

分支，而本书以研究经济赶超为主，因此，接下来主要对经济赶超部分的增长模型进行评述，以期为以后继续研究恰当福利赶超下的经济赶超模型奠定基础。

领先国家创新者行为模型由以下几个公式组成，逐次推导出先发国家经济的增长率，顺着公式推导的脉络，可以清晰地看到先发国家通过技术研发来实现经济增长的过程。

企业所生产的最终产品数量：

$$Y_1 = A_1 L_1^{1-\alpha} \cdot \sum_{j=1}^{N1} (X_{1j})^{\alpha} \tag{1}$$

A：生产率参数，L：劳动投入的数量，X：非耐用品投入的数量：

假定人口不变即 L 不变，A 表示领先国家的技术水平；

X 的边际产品与价格决定领先国家所使用的各种中间产品的数量：

$$X_{1j} = X_1 = (A_1)^{1/(1-\alpha)} \alpha^{2/(1-\alpha)} L_1 \tag{2}$$

将（2）式带入（1）式，可得领先国家工人的人均产出水平：

$$y_1 \equiv Y_{1/}L_1 = (A_1)^{1/(1-\alpha)} \alpha^{2\alpha/(1-\alpha)} N_1 \tag{3}$$

领先国家销售第 j 种中间品所获得的垄断利润为：

$$\pi_{1j} = \pi_1 = \left(\frac{1-\alpha}{\alpha}\right) \cdot (A_1)^{1/(1-\alpha)} \alpha^{2/(1-\alpha)} L_1 \tag{4}$$

国家的利率为：

$$r_1 = \pi_1/\eta_1 = (L_1/\eta_1) \cdot \left(\frac{1-\alpha}{\alpha}\right) \cdot (A_1)^{1/(1-\alpha)} \alpha^{2/(1-\alpha)} \tag{5}$$

增长率为：

$$\gamma_1 = \dot{C}_1/C_1 = (1/\theta) \cdot (r_1 - \rho) \tag{6}$$

将（5）式带入（6）式可得经济增长率为：

$$\gamma_1 = (1/\theta) \cdot [(L_1/\eta_1) \cdot \left(\frac{1-\alpha}{\alpha}\right) \cdot (A_1)^{1/(1-\alpha)} \alpha^{2/(1-\alpha)} - \rho] \tag{7}$$

追随国家的模仿者行为模型起始模型与1式构造相同，但A不代表研发技术，而代表追随技术（或称为扩散技术），第二步使用中间产品的数量：

$$X_{2j} = L_2 \cdot (A_2 \cdot \alpha)^{1/(1-\alpha)} \cdot (P_{2j})^{-\alpha/(1-\alpha)} \tag{8}$$

作者还对模仿成本进行了一系列缜密的逻辑和模型推理，最终得出结论：在以引介技术为主的经济赶超过程中，后发国家的模仿成本是不变或缓慢增加的。这一点也充分肯定了经济赶超的可能性、必要性及必然性。

（六）技术转移、模仿和创新的一般均衡模型

R·范·艾肯（R. Van Elkan）承认存在技术扩散和外溢效应，并建立了开放经济条件下技术转移、模仿和创新的一般均衡模型，① 从南北国家之间经济发展程度差异着手，强调经济欠发达国家可以通过技术的模仿、引进和创新，总中实现技术和经济水平的赶超，最终结果导致南北国家经济发展的趋同。技术模仿所可能带来的生产效率的提高取决于国别之间技术的初始差距，而技术转移、模仿和创新的有效程度取决于后发国家“干中学”（learning by doing）的能力和经验的积累。

二、一脉相承的赶超战略

经济赶超理论演变如上所述，这些理论是现实经济生活在主观印象上的必然反映，也是经验上升到理性认识的过程。后来的

---

① R. Van Elkan：Catching up and Slowing Down：Learning and Growth Patterns in an Open Economy. Journal of International Economics，41，1996.

发展经济学理论分析进一步表明，后发国家或地区存在着有别于先发国家或地区的方式或途径来达到与先发国家或地区同样发展水平或状态的可能性，即后发国家或地区也存在着因其相对落后所有用的潜在增长优势。后发国家或地区通过引进、模仿、学习技术和制度，可获得后发优势（Late-developing Advantage），由于其模仿成本（Learning Cost）大大低于创新成本（Innovation Cost），且这种模仿成本基本不增长或增长十分缓慢，因此后发国家在一定时期内具有较为稳定的后发优势，包括技术上的后发优势和制度上的后发优势：技术性后发优势表现为后发经济体的技术学习，从先发经济体引进各种先进技术，并经模仿、消化、吸收和创新所带来的利益和好处。制度性后发优势表现为后发地区效仿或移植先发地区各种先进制度并经本土化改造所产生的高效率。后发地区通过强制性和诱致性制度移植变迁形成后发优势，并成为后发经济体赶超式高速增长的主要动因之一。需要注意的是，这种后发优势只是潜在的，其发挥的程度与自身努力程度和社会发展程度息息相关，只有合理引导和持续发力，才能够使潜力变为现实。中国从20世纪50年代，毛泽东所说的“中国不发展就要被开除球籍”，到90年代邓小平强调的“发展是硬道理”，再到新一代领导集体提出的“全面协调可持续发展是硬道理”的“科学发展观”，在赶超战略思想上是一脉相承的。①

第二节　福利测度方法演变及局限性思考

虽然经济学发展的历史由来已久，但是直到英国经济学家庇古1929年开创福利经济学，社会福利及其内在逻辑和相关理论才正式登上学术舞台。自此，学术界对于福利测度方法的思考和

---

① 贾康、刘军民：《政策性金融与中国的现代化赶超战略》，载于《财政研究》2010年第1期，第2～8页。

探索便从未止步。这些测度方法中有些侧重于主观个体感觉，也有些侧重于客观经济数据，对于本书而言，更有借鉴意义的当属这些侧重于客观经济数据分析的福利测度方法，因此，下文中提及的福利测度方法即指基于客观经济数据的福利测度方法。鉴于本章的一个主要目标在于试图找出福利赶超的有效测度，所以在此之前，一方面有必要对现有的福利测度方法进行评述，以确定是否存在这种既成的福利测度方法；另一方面有必要沿着现有福利测度方法的演变过程继续探索，尝试找到通往福利赶超测度的最优途径，以期为现阶段以中国为代表的中等收入国家提供可供探寻的福利赶超临界点，从而能够相对更为有效地规避“中等收入陷阱”。

一、福利测度方法及评述

如前文所述，以 1929 年为起点至今，按照较具影响力的福利测度指标产生的时间序列，福利的测度方法主要包括：1929 年及 1950 年后盛行的生产指标测度，1972 年的经济福利测度指标（MEW），1974 年的加权社会发展指数（WISP），1979 年的物质生活质量指数（PQLI），1985 年的社会健康指数（ISH），1989 年的可持续经济福利指数（ISEW），1990 年的人类发展指数（HDI），1995 年的真实发展指标（GPI），1995 年的生活质量指数（QLI），1998 年的经济福利指数（IEWB），2006 年的幸福星球指数（HPI）和 2008 年的环境友好型幸福国家指数（ERHNI）。这些福利测度指标基本可以分为两大类：一类是单一的福利测度指标，即主要以社会的生产指标或消费指标来作为衡量社会福利的标准；另一类是复合的福利测度指标，即试图多重经济数据来描述社会福利的发展概况，由多项经济指标数据按照一定的权重组合的福利测度指标。由于按照分类标准比按照时间序列更便于对同类测度指标进行对比，因此，以下按照单一和复合指标的分类对福利测度方法进行评述。

（一）单一福利测度指标

1. 生产指标。1929年，庇古在福利和经济福利辨析的基础上提出了其对于福利和国民所得的思考，尤其是经济福利与国民所得的思考。庇古认为，经济福利可以被定义为与货币的衡量尺度有关的那一部分福利。在此基础上，他还认为，经济原因很难直接对经济福利产生影响，而是通过国民所得对经济福利产生影响，进而将国民所得这项指标提到福利经济学研究的前沿。当时，国民经济核算体系（SNA）还未问世，庇古在专著中也做了大量对国民所得变化测度的研究，可试想对福利测度的研究更可谓是一种超现实的理念和未完成的理想。尽管如此，庇古定性分析了经济福利与国民所得数额大小、分配关系、人口数量、边际效应、政府干预等诸多方面的关系，成为用国民所得来衡量福利的开山鼻祖。1947年，以理查德·斯通发表《国民收入的计量和社会账户的建立》为标志的国民经济核算体系问世，其中最为核心的指标国内生产总值（GDP）和国民生产总值（GNP）即成为庇古所谓“国民所得”的科学测度，从而使庇古早年的福利测度思想在核算上真正实现。

这种以生产指标作为测度的方法根基，始终是建立在庇古对福利和经济福利辨析的基础上，其实，影响福利的并不只有经济因素：大到环境指标、自然灾害、社会公平、援助体系；小到个人主观幸福感受、公共交通、城市人性化建设等都影响着福利水平，这一点可以被认为是这种测度方法的硬伤。此外，经济因素主要指标的核算方法随着经济与资源环境、经济与社会公平、经济与人口增长等非经济因素的协调发展，不断暴露其核算构成中的内在缺陷，也成为这种测度方法的间接制约。然而，对于这种福利测度方法的过多评论已显冗赘，毕竟其开创性地将福利与经济学主要指标相互联系，而这种思想才是其对于福利经济学体系最为重大的意义之所在。

2. 经济福利测度指标（MEW）。经济福利测度指标（Meas-

ure of Economic Welfare，MEW）由威廉姆·诺德豪斯（William Nordhaus）和詹姆斯·托宾（James Tobin）在1972年提出，他们在福利为目标的基础上，试图对国民经济核算体系中的核心指标GDP（或GNP）进行全面调整。与最早的以生产指标来直接衡量福利的思路不同，真正与福利直接相关的不是生产而是消费，并提出了MEW的计算公式：

MEW＝GNP－［私人工具性支出－耐用品支出－私人健康和教育支出－城市生活不畅因素（如堵车、污染）］＋［耐用品资本服务＋闲暇＋非市场活动（如志愿服务）＋政府消费＋政府资本服务］

MEW的优点主要在于两个方面：第一，其相对于生产指标测度而言更为直接，生产指标测度也是通过GDP（或GNP）的核算构成项，如最终消费、资本总和和净出口等，来直接及间接测量和估算现在及未来的福利水平，而MEW显然简化了这一过程，直接将消费与福利挂钩，更为直接有力。第二，从计算公式中每一个减项和加项来看，一些非经济性因素已在考虑行列，这使这种测度方法更具有现实意义。然而，虽然MEW相对生产指标来说已经有了很大调整，但是其仍然存在着几个缺陷：第一，与生产指标测度方法相同，其本质上还是在测量经济福利，对于福利本身而言，经济并不是唯一的影响因素。第二，其仍然建立在国民经济核算体系核心指标GNP的基础上，那么GNP核算的内在缺陷也同样会对这项测度方法产生影响。第三，其相对笼统、相对庞杂的加项和减项也引发了学术界的广泛讨论，例如，针对笼统性，有些学者认为，在政府服务中只能将直接提供给消费者或那些增加了资本存量的服务计入MEW，而不是全部；针对其项目庞杂性，有些学者则认为，所有政府服务都只能被认为是中间产品，因此不应作为加项，而应作为减项；还有些学者对加项和减项本身的测度提出了质疑，如城市不畅因素、闲暇和志愿服务的测度等。

3. 可持续经济福利指数（ISEW）。可持续经济福利指数（Index of Sustainable Economic Welfare，ISEW）由达利（H. Daly）和柯布（J. Cobb）在 1989 年提出，它其实继承了 MEW 的主要研究方法：第一，同样是秉承对于国民收入核算体系核心指标 GDP（或 GNP）进行调整的思路，对 GNP 进行了十八个方面的调整，从而试图反映可持续经济福利的概念内涵；第二，这十八个方面的调整同样也是以私人消费支出为起点，即意味着认同 MEW 私人消费与福利直接相关的逻辑。ISEW 最大的进步性表现在其对 MEW 中调整方面的细化，这十八个方面的调整涵盖了七大方面：收入不均、非预防性公共支出、资本增长和国际头寸的净变化、福利的非货币化、私人预防性支出、环境降级的成本和环境资本存量折旧。

由于 ISEW 与 MEW 在研究方法上高度一致，只是在指标方面进行了调整，因此其总体评价可参照 MEW 部分，在此不再赘述。

4. 真实发展指标（GPI）。真实发展指标（Genuine Progress Indicator，GPI）由新定义进步（Redefining Progress）组织在 ISEW 的基础上开发的，较 ISEW 其进步性表现在调整方面添加了志愿活动、原始森林资源损耗和闲暇指标，目标在于从短期账户波动提取长期变化趋势，考察可持续发展状况。

（二）复合福利测度指标

1. 加权的社会发展指数（WISP）。加权的社会发展指数（Weighted Index of Social Progress，WISP）是在社会发展指数（Index of Social Progress，ISP）的基础上发展而来的。ISP 由宾夕法尼亚大学的 Richard Estes 在 1974 年提出，包括 46 个社会经济指标，涵盖了十大方面：教育、健康、妇女地位、预防性努力、经济、人口、地理、政治参与、文化多样性和福利努力程度。较 ISP 而言，WISP 的进步性在于其将这 46 个社会经济指标所涵盖的每一方面形成一个因子，而因子权重确定方法为第二阶段最大方差因子分析法，从而实现通过较少的几个引资来反映原资料的大部分信息。WISP的主要应用范围是观测“适度社会供给”能力的变化及测度区域在满足个体基本需求方面的状况。

WISP的优点在于囊括范围广泛、有较高技术水准、构造目的明确，但其缺点也显而易见：第一，适用范围非常有限，在功能上主要是观测“适度社会供给”能力变动，在区域上主要是用来观测小范围；第二，整个测度体系包括46个社会经济指标，为数据获取和计量工作的展开带来的诸多不确定因素，而且这46个经济指标涵盖了十大方面，这么多不同类型的指标很难有一个同样的、明确的指向性，因此导致其整体缺乏针对性从而影响使用价值；第三，在大量的经济指标基础上进行计量分析所带来的结果也是多方面的，加之第二条所述的缺乏针对性，导致其分析结果很难直接与实践对接，实现决策上的优化。

2. 物质生活质量指数（PQLI）和人类发展指数（HDI）。物质生活质量指数（Physical Quality of Life Index，PQLI）由莫里斯（Morris D. M.）在1979年提出，是经济产出、预期寿命和教育水平三个指标的算术平均数，是人类发展指数（Human Development Index，HDI）的前身。HDI由三个指标构成：反映卫生发展状况的出生时的预期寿命、反映教育发展水平的受教育机会和反映富裕程度的人均GDP，其中，受教育机会用成人识字率以及小学、中学、大学的综合毛入学率表示，即选取反映人类最基础、最必需的生活质量指标。

HDI的推出可以说是人类开始“以人为本”，意识到关注自身发展和生活质量的重大进步，但就其指数本身而言，并不像其意义那样完善：第一，从技术上来看，HDI采用的是三个指标的算术平均数，这显然是缺乏科学依据的，而且三个指标的权重也没有特别提出或是利用科学方法来计算，严重制约的该指数的发展；第二，这三个指标的选取在学术界也是有争议的，著名经济学家卢卡斯（Lucas）认为，反映富裕程度的人均GDP是最为主要也应该唯一保留的指标，从逻辑角度来讲，平均寿命和教育水平两项指标是在一定程度上随人均GDP发展而发展的，从技术角度上来讲，其他两项指标与人均GDP强正相关，将严重影响计量结果。

3. 社会健康指数（ISH）。社会健康指数（Index of Social Health，ISH）由福特汉姆大学前社会政策改革机构在1985年提出，把社会人口分为四组：少年、青年、中年和老年，并用16个社会经济指标分别度量，每年每个指标都从0到10进行打分，在将它们进行加权汇总。ISH虽然从研究角度上来讲很容易被人接受，但是它将人成长的阶段割裂开来，并不能够完整地、直接地描述社会福利，而且指标涵盖范围相对有限，对本书的研究没有直接相关帮助，在此不再过多评述。

4. 生活质量指数（QLI）。生活质量指标（Quality of Life Index，QLI）由迪纳（Ed Diener）在1995年提出，基于一个有关生活质量指标的通用集，编制出两类生活质量指数：一类是发展中国家专用的初级生活质量指数，包括：购买力、高危犯罪率、基本需求、自杀率、识字率、违背人权度和森林砍伐度七个变量；另一类是专用于发达国家的高级生活质量指数，包括：人均医生数量、储蓄率、人均收入、主观福利、高等教育入学率、收入不均和环境公约数七个变量。QLI将发展中国家和发达国家割裂开来，导致两者不可比，而且对发展中国家多采用具有负面效应的变量，而对发达国家多采用正面效应的变量，加之指数中七个变量的设定，都缺乏相应的科学根据。

5. 经济福利指数（IEWB）。经济福利指数（Index of Economic Well-Being，IEWB）由拉尔斯·奥斯伯格（Lars Osberg）和安德鲁·夏普（Andrew Sharpe）提出的，由一个指标体系构成，各指标间的权重可以由使用者根据实际情况自行拟定，在OECD国家中很有影响力（见表3-1）。

表 3－1　IEWB 指标层次及分布

第一层	人均有效消费流量	社会生产性资源净累计存量	贫困和不均等	经济安全
第二层	人均市场性消费 人均政府花费 人均不付酬劳务	人均资本存量 人均研究与发展支出 人均自然资源 人力资本人均净外债 人均环境降级的社会成本	贫困密度 基尼系数	失业风险 疾病风险 单亲贫困风险 老龄化风险

这是一项较为科学的指数：首先，其理论基础非常扎实，遵循了经典宏观经济学中对效用（或福利）的分析路径，选取了经济发展中主流、专业、数据可获得的参数指标；第二，其很清晰的层次方便采用的研究者对其选取的指标进行分组，其很详尽的参数指标为福利相关的测度问题研究提供了可供选择有效范围；第三，其参数指标选取得范畴十分规范，都是严格的福利经济范畴，是典型的福利经济综合指标，对继续深入研究福利测度具有现实意义；第四，其提供的参数指标是开放式的，不严格拘泥于某种公式、某种技术算法或者某种权重比例，便于后来研究者根据自己的研究需要进行使用。尽管该指数也存在其中部分参数指数多针对发达国家的统计数据因而在发展中国家难以获取的制约，但大部分参数指数仍然具有相当强的实用性。

6. 幸福星球指数（HPI）和环境友好型幸福国家指数（ERHNI）。幸福星球指数（Happy Planet Index，HPI）由英国智库新经济基金会提出，把环境影响和福利结合起来测度人类生存环境性能的指数，计算方法是取幸福生活年限和人均生态足迹之比，环境友好型幸福国家指数（Environm entally Responsible Happy Nation Index，ERHNI）在 HPI 的基础上，考虑了环境破坏的外部性问题。这两项指数的研究现阶段主要在发达国家。

二、现有福利测度方法对中等收入阶段福利赶超的局限性

通过以上对福利测度方法的评述可以看出，不同理论背景时期、不同经济发展阶段、不同国别的研究者提出了多角度、多维度、多指标的福利测度方法。然而，不论是隶属于单一指标还是复合指标，现有福利测度方法直接用来测度福利赶超都不尽科学：以生产指标为代表的四个单一类指标都具有内在缺陷，而且基本都以 GDP（或 GNP）或者对其调整进行福利测度，显然不能准确反映现阶段发达国家和发展中国家的福利水平；复合类指标中，以社会健康、资源环境、人口发展等单一方面的复合测度较多，而且多数指标中的参数在发展中国家暂无统计数据，更有模型将发展中国家和发达国家割裂开来，导致无法比较。福利赶超涉及发展中国家或地区之间、发展中和发达国家或地区之间的比较，这就要求指标的选取要通用、数据的获取要可行、模型的权重要合理，但现有的福利测度方法都存在缺陷，不能完全达到要求。因此，对中等收入阶段福利赶超模型的探索是十分有必要、有意义的课题。

尽管如此，以上对福利测度方法的评述为中等收入阶段福利赶超模型的探索提供了重要的思路、参数和路径。福利赶超的测度首先必须建立在福利测度的基础上，要在把握研究福利赶超这一目的的前提下尽量选取准确的、数据可获得的、没有巨大国别差异的、非相关的参数指标，并在此基础上进行建立福利赶超模型，从而专门测度福利赶超指数。

第三节　福利赶超测度探究：福利赶超指数模型

已被开发并提出的福利测度方法有多种，但其对福利赶超测度都具有局限性，所以本书试图在前文所述的福利测度方法基础

上探索福利赶超的测度。鉴于关注的焦点是民粹主义基础上福利赶超与经济发展的关系，观点是民粹主义基础上的福利赶超是将宏观经济拖入陷阱的主要原因，而如何判断某一经济体在中等收入阶段经济赶超的进程中福利赶超的程度，是判断该经济体是否进行了民粹主义基础上的福利赶超、其宏观经济发展是否有落入“中等收入陷阱”趋势的重要途径。

一、福利赶超指数测度指标的选择

根据第一章中对福利赶超和经济赶超逻辑路径的阐述，观点是：基于民粹主义基础上的福利赶超会使中等收入阶段经济体偏离发展路径，从而导致该经济体落入“中等收入陷阱”；而成功避免民粹主义基础上福利赶超的经济体则坚持经济赶超的路径，平稳度过或跨越中等收入阶段，从而进入高收入阶段，实现经济的成功转轨。可见，福利赶超是中等收入阶段经济赶超增长路径中的重要因素，在选取有效测度指标之前，首先要明确其特征：第一，福利赶超是中等收入阶段经济体在经济赶超增长路径中的必然要素，代表的是该经济体在赶超过程中，福利的发展路径必然也带有一定程度的赶超特征；第二，福利赶超有程度之分，而本书最为关注的点在于开始民粹主义基础上的福利赶超的值，即适当福利赶超与不当福利赶超的分界值；第三，无论是不当的福利赶超引致“中等收入陷阱”，还是适当的福利赶超助推经济体步入高收入阶段，在全球经济发展历程中都有典型经济体发展路径可循。

在“民粹主义基础上的福利赶超—中等收入陷阱”这一发展路径中，福利本来应是随中等收入经济赶超阶段的不断深化和发展而逐步提高的，然而拉美的民粹主义将福利赶超作为了经济赶超最为重要的目的，其突出表现在劳动就业和社会性支出两个方面。因此，根据现有的福利测度指数建立的思路，我们可以选取劳动就业和社会性支出这两个方面作为福利赶超测度的两个重要组别，在这两个组别中分别选取相应的、不具有共线性特征的参数来详细描述组别情况。通过对拉美这两个方面的分析，可以得到“不当的福利赶超—中等收入陷阱”的福利曲线。而在“适当的福利赶超—高收入阶段”这一发展路径中，经济体的福利路径并没有表现出明显的扭曲，因此没有特殊的组别可循，但是其福利也一定存在劳动就业和社会性支出两个重要方面，只是路径没有扭曲，那么也可以通过这些典型经济体的相关数据得到“适当的福利赶超—高收入阶段”的福利曲线。按照这种思路来分析，对于福利赶超的测度应当由三个主要变量组成：因变量为“福利赶超指数”，两个自变量为“劳动市场指数（L）”和“财政调控指数（G）”。

接下来，试图确定劳动指数（L）和财政调控指数（G）这两组一层指标的二层参数，由于二层参数要直接参与模型计算。

劳动市场指数（L）构成：非正规部门就业率（反映非正规部门挤占正规部门的指数），结构性失业率（反映劳动市场的扭曲情况），基尼系数（反映贫富差距的指数）；财政调控指数（G）构成：财政收入占 GDP 的比重（反映财政宏观调控的可持续性），财政预算赤字占 GDP 的比重（反映财政的可持续宏观调控能力），财政社会性支出占 GDP 的比重（反映财政消耗性支出的比重），GDP 增长率的相反数（反映财政宏观调控的结果）。表 3－2 可清晰表述如下：

表 3－2　　简单福利赶超指数参数表　　单位：%

一层参数	劳动市场指数（L）	财政调控指数（G）
二层参数	非正规部门就业率 结构性失业率 基尼系数	财政收入占 GDP 的比重 财政预算赤字占 GDP 的比重 财政社会性支出占 GDP 的比重 GDP 增长率的相反数

二、福利赶超指数模型的建立

按照福利赶超指数参数表，可以看到两个一层参数和七个二层参数，本小节将按照“一层参数与因变量的关系——层参数与二层参数的关系—二层参数与因变量的关系”这样的研究思路展开。

一层参数与因变量的关系很明确，就是通过劳动市场指数（L）和财政调控指数（G）两个方面来描述福利赶超，从而得出福利赶超指数。这里不存在必然的因果关系，而是一种描述性的隐形相关关系，即福利赶超不必然导致劳动市场指数（或财政调控指数）偏高或偏低，而劳动市场指数（或财政调控指数）偏高也不必然导致福利赶超指数偏高或偏低，这只是在拉美前车之鉴的基础之上探索的对于福利赶超的两个有效描述层面，即福利赶超与两者相关，且权数待定。本书所有模型中所涉及的关系，都指这种描述性的隐形相关关系，本书将三者的关系首先用一个简单的经济学模型来描述：

＊）福利赶超指数＝劳动力市场指数(L)＋财政调控指数(G)

表示福利赶超指数与劳动力市场指数（以下简称 L）和财政调控指数（以下简称 G）相关。

一层参数与二层参数之间的关系和一层参数与因变量之间的关系类似，虽然本书所选取的参数并不能起到完全描述的作用，例如，本书为 L 选取了非正规部门就业率、结构性失业率和基尼系数三项二层参数来描述，并不能完全涵盖 L 的所有层面，但是却最能够表现 L 中与福利赶超最为相关的层面，G 的二层参数选取理由同 L。因此，按照以上对因变量和一层两个参数的模型建立，可以将一层参数与二层参数之间的关系做出如下模型：

ⅰ）劳动力市场指数(L)＝非正规部门就业率＋结构性失业率＋基尼系数

ⅱ）财政调控指数（G）=财政收入占GDP的比重+财政预算赤字占GDP的比重+财政社会性支出占GDP的比重-GDP增长率

二层参数与因变量之间的关系虽然在本模型建立的过程中并没有太过重要的作用，但是从二层参数与因变量之间的直接模型能够从一定程度上定性分析出本书福利赶超指数模型的合理性，因此，将ⅰ式和ⅱ式分别带入*式可得到以下综合模型：

**）福利赶超指数=（非正规部门就业率+结构性失业率+基尼系数）+（财政收入占GDP的比重+财政预算赤字占GDP的比重+财政社会性支出占GDP的比重-GDP增长率）

以L为例，这个综合模型表示某一经济体的福利赶超指数受到自己国情下计算出的非正规部门就业率、结构性失业率和基尼系数组合的影响。同样，以G为例，在中等收入以及以上经济发展阶段的研究中，试想若一国的财政收入占GDP的比重、财政预算赤字占GDP的比重、财政社会性支出占GDP的比重都无限制地增大，必然会掏空一国经济，导致经济难以持续，也就说明福利赶超更为严重，从这个角度来思考，也能够体现出以上综合模型的合理性。

总之，可以得到福利赶超模型如下：

☆ 总体模型

福利赶超指数=劳动力市场指数（L）+财政调控指数（G）

☆ 中间模型

ⅰ）劳动力市场指数（L）=非正规部门就业率+结构性失业率+基尼系数

ⅱ）财政调控指数（G）=财政收入占GDP的比重+财政预算赤字占GDP的比重+财政社会性支出占GDP的比重-GDP增长率

☆ 综合总体模型

福利赶超指数=（非正规部门就业率+结构性失业率+基

尼系数）+（财政收入占 GDP 的比重 + 财政预算赤字占 GDP 的比重 + 财政社会性支出占 GDP 的比重 − GDP 增长率）

第四节 小结

本章阐述了中等收入经济赶超阶段的理论评述及必要性探究、福利测度方法演变及局限性思考、福利赶超指标的确定与模型的建立、福利赶超指数与经济赶超路径。总体思路按照从经济赶超阶段的必要性入手，考虑影响经济赶超阶段的最关键因素——福利赶超的测度，最后再通过福利赶超的测度确定经济赶超路径是否被扭曲这样的逻辑展开。

经济赶超理论沿着经济发展理论的脉络，大致按照标志性学说或模型的提出将经济赶超的西方理论分为六个阶段：美国经济史学家亚历山大·格申克龙提出后发优势理论，美国社会学家M. 列维从现代化的角度发展后发优势理论，阿伯拉莫维茨提出追赶假说，伯利兹、克鲁格曼和丹尼尔·东提出“蛙跳”模型，罗伯特·J·巴罗提出独特的技术模仿函数，R·范·艾肯建立技术转移、模仿和创新的一般均衡模型，这些科学的理论和模型的提出清晰地阐明了经济赶超阶段的必要性和必然性。从我国经济发展的实际来考虑，从20世纪50年代，毛泽东所说的“中国不发展就要被开除球籍”，到90年代邓小平强调的“发展是硬道理”，再到新一代领导集体提出的“全面协调可持续发展是硬道理”的“科学发展观”，在赶超战略思想上也是一脉相承的。

福利测度方法以1929年为起点至今，按照较具影响力的福利测度指标产生的时间序列，主要包括：1929年及1950年后盛行的生产指标测度，1972年的经济福利测度指标（MEW），1974年的加权社会发展指数（WISP），1979年的物质生活质量指数（PQLI），1985年的社会健康指数（ISH），1989年的可持续经济福利指数（ISEW），1990年的人类发展指数（HDI），1995年的真实发展指标（GPI），1995年的生活质量指数（QLI），1998年的经济福利指数（IEWB），2006年的幸福星球指数（HPI）和2008年的环境友好型幸福国家指数（ERHNI）。然而，这些福利指数对于测度福利赶超程度，仍具有很大局限性。

鉴于拉美地区民粹主义基础上的福利赶超将宏观经济拖入"中等收入陷阱"，本书在此基础上建立了福利赶超指数，其内含一层参数和二层参数，各层参数内部关系及参数之间的关系构成了福利赶超指数的模型：

- **总体模型**

福利赶超指数 = 劳动力市场指数（L）+ 财政调控指数（G）

- **中间模型**

ⅰ）劳动力市场指数(L) = 非正规部门就业率 + 结构性失业率 + 基尼系数

ⅱ）财政调控指数(G) = 财政收入占GDP的比重 + 财政预算赤字占GDP的比重 + 财政社会性支出占GDP的比重 − GDP增长率

- **综合总体模型**

福利赶超指数 =（非正规部门就业率 + 结构性失业率 + 基尼系数）+（财政收入占GDP的比重 + 财政预算赤字占GDP的比重 + 财政社会性支出占GDP的比重 − GDP增长率）

第四章

中国福利赶超指数与现状分析

无论是从发展经济学角度对中等收入阶段经济赶超与福利赶超逻辑的推敲，还是建立福利赶超指数模型，都意在为处于中等收入阶段的中国经济探索出路。马克思主义活的灵魂在于“具体问题具体分析”。通过发展经济学的理论逻辑和国外典型经济体的具体案例分析，虽然实现了中等收入阶段经济赶超与福利赶超理论上的认识和实践上的提炼，但是这些理论和经验究竟是否适用于中国中等收入阶段的发展，还要建立在对中国现阶段经济赶超与福利赶超现状及存在问题剖析的基础之上。秉承“理论指导实践、实践反哺理论”和“从实践中来到实践中去”的研究思路和作风，才能够使理论成果在未来更加切实和有效。鉴于此，本章在前几章分析的理论逻辑基础和实践经验的基础上切实分析中国经济赶超与福利赶超现状及存在的问题。按照选取的中等收入阶段经济赶超与福利赶超这一切入点，首先从数字入手，在第三章建立的福利赶超指数的基础上对中国福利赶超指数进行了简单分析，清晰地勾勒中国现阶段福利赶超的现状，并试图进行与发达国家和拉美地区的比较分析，从而得到中国现阶段福利赶超现状的相关结论；考虑到中国幅员辽阔、经济发展程度参差不齐，加之中等收入阶段的划分建立在人均 GDP 的基础上，本书将在第四章的后续分析中按照人均 GDP 高低进行分类分析。

第一节　中国劳动力市场指数（L）

i）劳动力市场指数（L）=非正规部门就业率+结构性失业率+基尼系数。

其中，非正规部门是拉美地区进行民粹主义基础上的福利赶超而推行的法律和行政制度基础上大量产生的，是宏观经济扭曲的主要表现，而现阶段中国并没有对非正规部门进行过系统统计，并不是说没有任何非正规部门存在，而是其数量没有像拉美那样达到能够直接影响宏观经济的程度，所以本书将中国“非正规部门就业率”在数值上处理为“零”。2000～2008年中国失业率和基尼系数如表4－1、图4－1所示：

表4－1　　2000～2008年中国失业率　　单位：%

年份	2000	2001	2002	2003	2004	2005	2006	2007	2008
失业率	3.1	3.6	4.0	4.3	4.2	4.2	4.1	4.0	4.2

数据来源：中国统计年鉴2000～2008年，国家统计局。

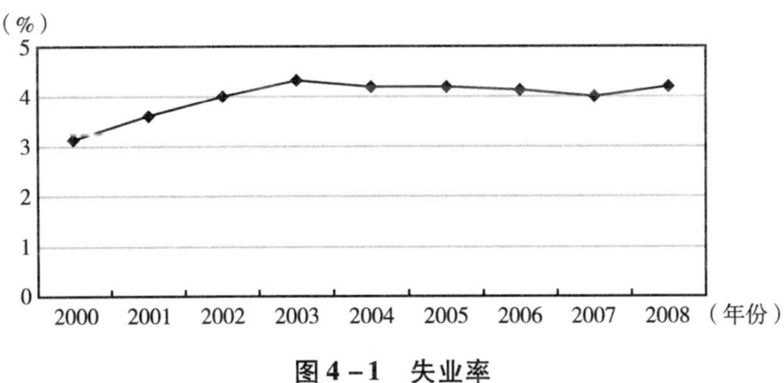

图4－1　失业率

由表4－1可以看出，2000～2008年以来，中国失业率较为平稳，但总体数值较高。2000年、2001年失业率较低，原因是当时正值中国经济脱离1998年亚洲金融危机的影响，而刚刚重回高速发展的轨道，工业化进程也处于相对崛起的阶段，结构性失业和摩擦性失业应该已经开始出现，但是由于劳动力市场相对于商品市场和资本市场反映的滞后性，所以在失业率数值上尚没有完全反映出来；而2002年以后，随着中国经济增速超过10%，工业化进程的大力推进导致劳动力市场供求关系变化有明显反映，结构性失业和摩擦性失业明确表现在数值上，失业率上升至4%以上；随着我国市场经济的深化，各级市场和各项制度的建立健全，联动机制的不断形成和完善，失业率应该在长期内有所下降，且随着劳动力市场供求双方的调整以及相关政策的正确引导，在经济稳定的大前提下，失业率在短期内将保持稳定，不会陡降和陡升。

由于自2000年后，国家统计局仅在2007年和2011年《中国全面建设小康社会进程统计监测报告》中披露了其测算的基尼系数官方数据，且世界银行发展指标也仅披露了2002年和2005年官方数据，其他数据是出自国内学者多方合力的成果，因而统计口径差异较大。然而，笔者通过同一年度多方口径的比较，发现无论是官方测算、学者测算还是民间测算，大多统计口径在十分位数据上基本能够保持一致，例如，2005年度，世界银行官方披露数据是0,425，学者测算代表数据是0.458；又如，2007年国家统计局披露的官方数据是0.458，学者测算代表数据是0.499。因此，这种差异对于本书这样着重于福利赶超指数分析的研究而言，应在可接受的范围之内，从而在本章节的分析中，采用表4－2中的数据。从图4－2中可以大体看到2000年以来中国基尼系数的变化趋势，按照基尼系数的范围划分，中国基本处于“0.4～0.5收入差距较大”的范围内。

表 4 - 2　　2000 ~ 2008 年中国基尼系数

年份	2000	2001	2002	2003	2004	2005	2006	2007	2008
基尼系数	0. 412	0. 390	0. 426	0. 390	0. 488	0. 425	0. 496	0. 458	0. 469

数据来源：2000 年、2007 年数据来自国家统计局；其他数据来自世界银行《世界发展指标》和国内学者测算。

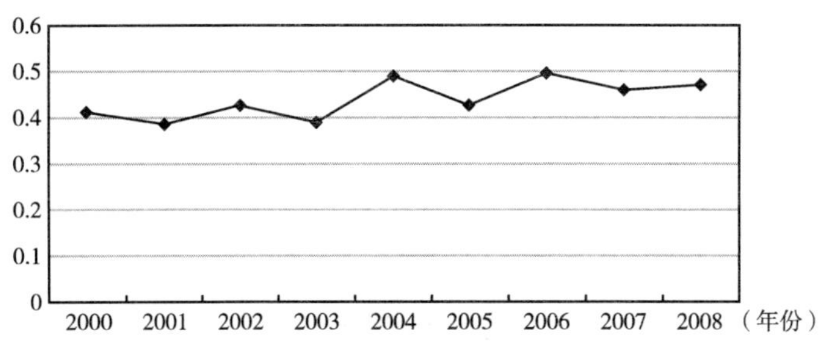

图 4 - 2　基尼系数

由于公式 ii 中所有数值的单位都是%，公式 i 中的失业率单位也是%，而基尼系数是参照绝对数值，考虑到若直接在基尼系数后加注百分比数值会巨大，加之本小节中采用的基尼系数测算口径不一致，为了能够使失业率和基尼系数在劳动力市场指数中所占权重相对平衡且尽力减小基尼系数口径不一致带来的差异，因此，与第三章中做典型国外比较时处理方法保持一致，对基尼系数的绝对数值做 10 倍处理。则公式 i 演变为：劳动力市场指数(L) = 零 + 结构性失业率 + 10 × 基尼系数，则 2000 - 2008 年中国劳动力市场指数(L)如表 4 - 3、图 4 - 3 所示：

表 4 - 3　　2000 ~ 2008 年中国劳动力市场指数（L）　　单位：%

年份	2000	2001	2002	2003	2004	2005	2006	2007	2008
指数	7. 22	7. 50	8. 26	8. 20	9. 08	8. 45	9. 06	8. 58	9. 16

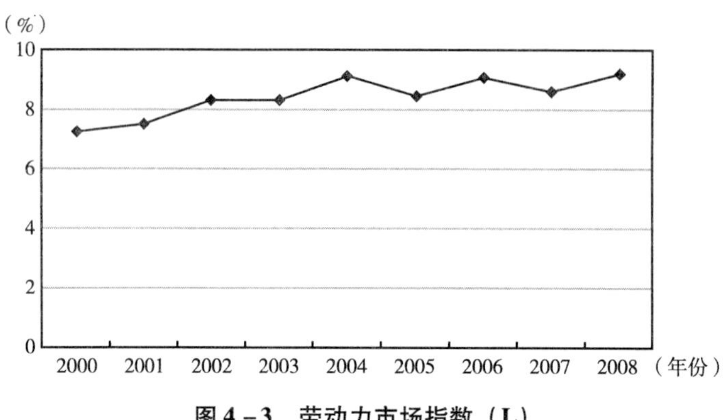

图4-3 劳动力市场指数（L）

第二节 中国财政调控指数（G）

ⅱ）财政调控指数（G）＝财政收入占GDP的比重＋财政赤字占GDP的比重＋财政社会性支出占GDP的比重－GDP增长率

按照以上公式中各项的要求，将所需数据如表4-4、表4-5、表4-6、图4-4、图4-5、图4-6所示。

表4-4 2000～2008年中国财政收入 单位：亿元

年份	财政收入	GDP	GDP占比（%）
2000	13 395.23	99 214.6	13.5
2001	16 386.04	109 655.2	14.9
2002	18 903.64	120 332.7	15.7
2003	21 715.25	135 822.8	16.0
2004	26 396.47	159 878.3	16.5
2005	31 649.29	184 934.7	17.1
2006	38 760.20	216 314.4	17.9
2007	51 321.78	265 810.3	19.3
2008	61 330.35	314 045.4	19.5

数据来源：中国统计年鉴2001～2009年，国家统计局。

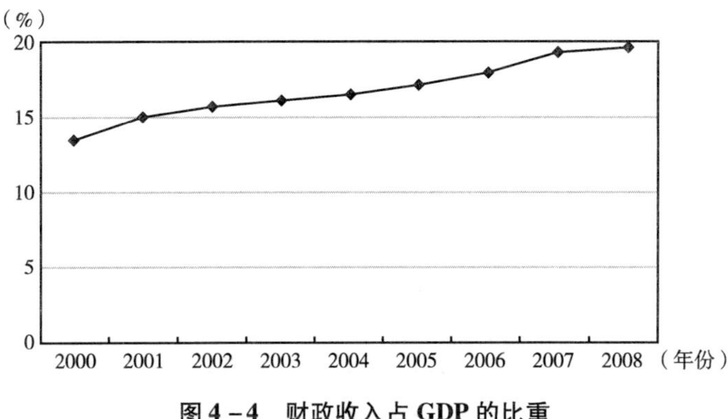

图 4－4　财政收入占 GDP 的比重

图 4－4 清晰表明，自 2000 年以来，中国财政收入占 GDP 的比重呈稳步上升趋势，这与逐步改进民生的大方针相吻合，且上升态势稳定，是良性的表现。

表 4－5　　2000～2008 年中国财政赤字　　单位：亿元

年　份	财政赤字	财政赤字占 GDP 比重（%）
2000	2598.0	2.6
2001	2516.6	2.3
2002	3149.6	2.6
2003	2934.7	2.2
2004	2090.4	1.3
2005	2281.0	1.2
2006	1662.5	0.8
2007	－1540.4	－0.6
2008	1262.3	0.4

数据来源：中国统计年鉴 2001～2009 年，国家统计局。

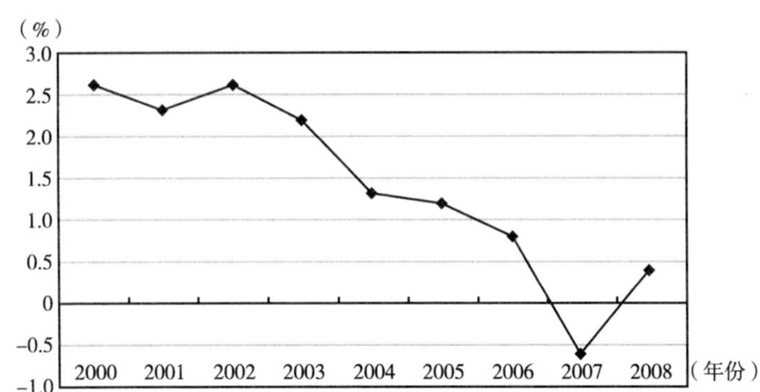

图 4-5　财政赤字占 GDP 比重

表 4-6　　2000～2008 年中国财政社会性支出　　单位：亿元

年　份	社会性支出	社会性支出占 GDP 比重
2000	4254.45	4.3
2001	5348.42	4.9
2002	6615.30	5.5
2003	7161.42	5.3
2004	8259.73	5.2
2005	9803.04	5.3
2006	11 787.76	5.5
2007	17 241.12	6.5
2008	21 796.49	6.9

数据说明：2000～2006 年社会性支出的范畴包括文教、科学、卫生支出和社会保障支出；2007 年、2008 年社会性支出的范畴包括教育、文化体育与传媒、科学技术、社会保障和就业、医疗卫生。

由图 4-5 可以看出，自 2000 年以来，中国财政赤字占 GDP 的比重呈不断下降的趋势，表明中国财政数字总体向好，总体上升的财政收入是实打实的数字，而不是靠扩大赤字而形成。

自 2000 年以来，中国社会性支出的绝对数额呈逐步上升的

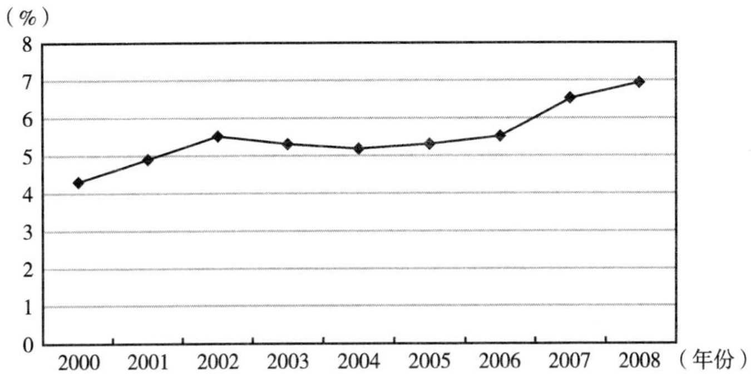

图 4-6　社会性支出占 GDP 比重

趋势，而社会性支出占 GDP 的比重总体呈现平稳趋势，主要保持在 5% 左右，仅在 2008 年应对全球金融危机的过程中呈现陡升，但在考虑到全球经济大背景的前提下，可以认为这种上升是良性的。

自 2000 年以来，中国 GDP 增长率始终保持在 8% 以上，呈现出高速发展的稳步态势；而自 2006 年以后，中国经济开始逐步进入结构调整阶段，经济增长速度明显放缓；2008 年，受到全球金融危机的影响，中国出口经济受到严重打击，并受到全球经济环境对新兴经济体的多方影响，经济增长速度陡降，但是总体增长率仍然保持在 8% 以上（见表 4-7、图 4-7）。

表 4-7　　2000～2008 年中国 GDP 增长率　　单位：%

年份	2000	2001	2002	2003	2004	2005	2006	2007	2008
增长率	8.4	8.3	9.1	10.0	10.1	10.2	11.6	11.9	9.0

按照公式 ii）的计算方法，根据以上表中列出的主要数据，可以分别得到中国 2000～2008 年财政调控指数（G）的数据，如表 4-8、图 4-8 所示。

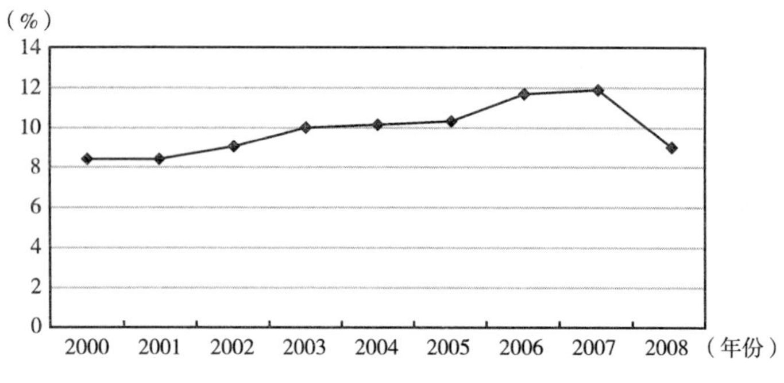

图 4－7　中国 GDP 增长率

表 4－8　　2000～2008 年中国财政调控指数（G）

年份	2000	2001	2002	2003	2004	2005	2006	2007	2008
调控指数	12.0	13.8	14.7	13.5	12.9	13.4	12.6	13.3	17.8

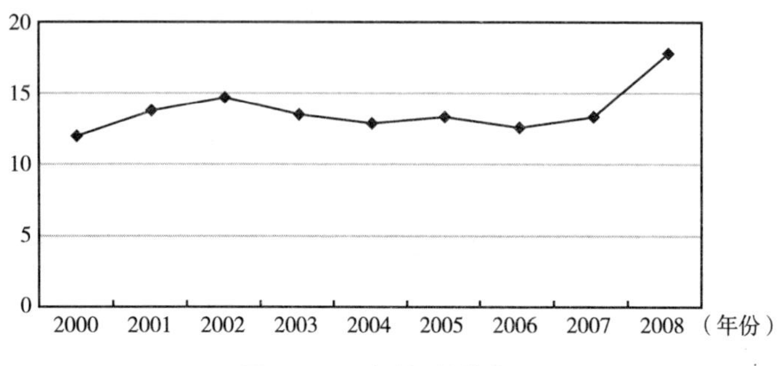

图 4－8　财政调控指数 G

由图 4－8 可以看出，自 2000 年以来中国财政调控指数稳定在 13% 左右，没有出现大幅度波动，在一定程度上反应中国宏观经济政策的连续性；2008 年财政调控指数陡升，仍然是由于受到全球金融危机的冲击。

第三节　中国总体福利赶超指数

＊福利赶超指数＝劳动力市场指数(L)＋财政调控指数(G)

按照以上公式＊）中的逻辑关系，中国2000～2008年福利赶超指数如表4－9、图4－9所示。

表4－9　　2000～2008年中国福利赶超指数

年份	2000	2001	2002	2003	2004	2005	2006	2007	2008
福利指数	19.22	21.30	22.96	21.70	21.98	21.85	21.66	21.88	26.96

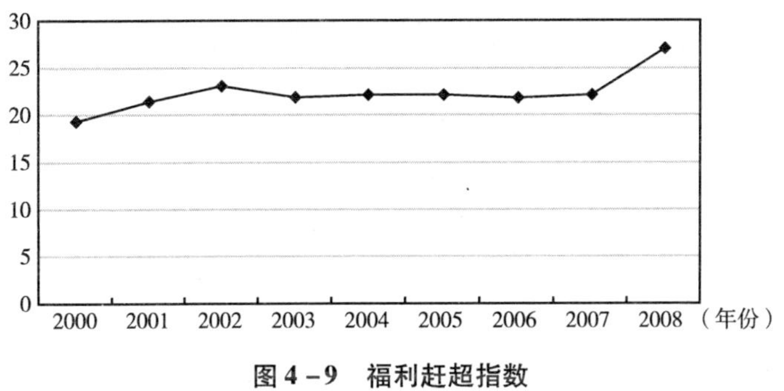

图4－9　福利赶超指数

如图4－9所示，按照本书所建立的简单模型，2000年以来中国福利赶超指数总体数值始终保持在20～25之间，可见确实是平稳的福利赶超进程；2008年全球金融危机爆发，福利赶超指数方面表现出陡增，与大力改进民生、向内需型经济转型的总方向保持一致。

第四节　中国总体福利赶超指数现状分析

建立模型后着手数据研究伊始，笔者一直试图将中国的福利赶超指数数据与成功跨越中等收入阶段的经济体以及落入中等收入陷阱的经济体进行比较。曾选取美国和日本两国作为成功跨越中等收入阶段的经济体代表，美国以经济技术发力而飞跃中等收入陷阱，日本以经济倍增计划逐步度过中等收入陷阱，两国最终都步入发达国家行列；选取拉美地区作为落入中等收入陷阱的经济体代表。在福利赶超指数模型的基础上，着手进行数据分析。然而，历时两个月的数据搜集和处理中，在查阅了美国、日本、巴西、阿根廷等多国国家统计局网站，试图查阅世界银行《世界发展指标》与《世界发展报告》中对所需指标的统计和公示，也试图查阅中国社会科学研究院拉美经济研究所发布的白皮书中对所需指标的统计之后，始终存在统计口径不统一、数据时间区间不对称、数据统计频率不协调、关键数据不连续等问题，导致未能将日本、美国和拉美地区的福利赶超指数通过模型较为科学地展示出来，未免抱憾。

然而，在缺乏大批量数据处理，将国际比较经济体的福利赶超指数科学、详尽地展示的情况下，为了能够较为清醒地看到中国福利赶超指数现状，本小节中通过数据及相关逻辑分析相结合的方法与拉美地区及发达国家进行比较，从而对中国福利赶超指数现状进行阐述。按照第三章中建立的福利赶超指数模型，主要公式组和数据项如下：

*）福利赶超指数＝劳动力市场指数(L)＋财政调控指数（G)

ⅰ）劳动力市场指数(L)＝非正规部门就业率＋结构性失业率＋基尼系数

ⅱ）财政调控指数(G)＝财政收入占GDP的比重＋财政赤字占GDP的比重＋财政社会性支出占GDP的比重－GDP增长率

在劳动力市场指数（L）中：第一，非正规部门就业率的比较。按照第二章中对拉美地区的分析，由于正规部门就业的刚性以及相关法律法规对较高社会保障硬性规定的存在，其非正规部门的数量激增，通过拉美社会学家对其的不完全统计，该数值一度超过40%以上，但具体数量不详。究其非正规部门为何数量激增且始终难以规范化，最为重要的原因应是正规部门的挤出效应以及进口替代工业化战略带来的发展后遗症。在非正规部门数量大批增长后，其结构性失业问题得到缓解，但劳动力市场却出现更为严重的扭曲。在“非正规部门就业率”这一数据项目下，中国显然具有更为优越的体制环境和更加规范的劳动力市场，虽然笔者并没有得到拉美地区各国翔实的非正规部门就业率数据，但是按照逻辑推倒可以合理预测拉美地区这一数值会大大高于中国。第二，结构性失业率的比较。2000～2008年拉美地区失业率数据详见表4－10，按照最终的平均水平，其所占区间为［7.5，10.6］，而按照表4－1中对2000～2008年中国失业率数据的分析，所占区间为［3.1，4.2］，大大低于拉美地区失业率水平。因此，从数据上来看，拉美地区的失业率水平大大高于中国。第三，基尼系数的比较。按照表4－11中对2000～2008年拉美地区基尼系数的不完全统计，其所占区间为［0.44，0.64］，且大部分数据分布在0.50以上；而按照表4－2中对2000～2008年中国基尼系数的统计，其所占区间为［0.39，0.47］。因此，拉美地区的基尼系数比中国略高。总之，在劳动力指数（L）中，拉美地区的各项指标均高于中国。其中，“非正规部门就业率”和“结构性失业率”两项指标均远高于中国的数值，且基尼系数也略高于中国。因此，结论是拉美地区劳动力指数（L）远高于中国。

表 4－10　　2000～2008 年拉美地区失业率　　单位：%

国家＼年份	2000	2001	2002	2003	2004	2005	2006	2007	2008
阿根廷	15.1	17.4	11.1	11.0	10.3	9.1	8.6	7.9	7.4
巴西	7.1	6.2	11.7	12.3	11.5	9.8	10.0	9.3	7.9
巴拉圭	10.0	10.8	14.7	11.2	10.0	7.6	8.9	7.2	7.4
巴拿马	15.2	17.0	16.5	15.9	14.1	12.1	10.4	7.8	6.5
秘鲁	8.5	9.3	9.4	9.4	9.4	9.6	8.5	8.4	8.4
玻利维亚	7.5	8.5	8.7	9.2	6.2	8.1	8.0	7.7	6.7
多米尼加	13.9	15.6	16.1	16.7	18.4	17.9	16.2	15.6	14.1
厄瓜多尔	14.1	10.4	8.6	9.8	9.7	8.5	8.1	7.4	6.9
哥伦比亚	17.3	18.2	18.1	17.1	15.8	14.3	13.1	11.4	11.5
哥斯达黎加	5.3	5.8	6.8	6.7	6.7	6.9	6.0	4.8	4.8
洪都拉斯	/	5.9	6.1	7.6	8.0	6.5	4.9	4.0	4.1
墨西哥	3.4	3.6	3.9	4.6	5.3	4.7	4.6	4.8	4.9
尼加拉瓜	7.8	11.3	11.6	10.2	9.3	7.0	7.0	6.9	8.0
萨尔瓦多	6.5	7.0	6.2	6.2	6.5	7.3	5.7	5.8	5.5
危地马拉	/	/	5.4	5.2	4.4	/	/	/	/
委内瑞拉	13.9	13.3	15.8	18.0	15.3	12.4	10.0	8.4	7.4
乌拉圭	13.6	15.3	17.0	16.9	13.1	12.2	11.4	9.6	7.9
智利	9.7	9.9	9.8	9.5	10.0	9.2	7.7	7.1	7.8
平均水平	10.6	10.9	11.0	11.0	10.2	9.6	8.8	7.6	7.5

数据来源：CEPAL，Balance Preliminar de las Economías de América Latina y el Caribe 2009，http://www.eclac.org/publicaciones/xml/2/38062/2009－853－BPE－WEB.pdf。

表 4 – 11　　　　2000 ~ 2008 年拉美基尼系数

国家＼年份	2000	2001	2002	2003	2004	2005	2006	2007	2008
阿根廷	/	/	0.578	/	/	0.52	0.519	/	/
巴西	/	0.639	/	/	/	0.61	/	0.590	0.594
巴拉圭	/	0.570	/	/	/	0.58	/	0.539	0.527
巴拿马	/	/	0.567	/	/	0.49	/	0.524	0.524
秘鲁	/	0.525	/	/	/	0.50	/	0.509	0.476
玻利维亚	/	/	0.614	/	0.561	0.55	/	0.565	/
多米尼加	/	/	0.537	/	/	0.47	/	0.556	0.550
厄瓜多尔	/	/	0.513	/	/	0.44	/	0.520	0.480
哥伦比亚	/	/	0.569	/	0.577	0.57	/	/	/
哥斯达黎加	/	/	0.488	/	/	0.46	/	0.484	0.473
洪都拉斯	/	/	0.588	/	/	0.56	0.605	0.580	/
墨西哥	/	/	0.514	/	/	0.53	0.506	/	0.515
尼加拉瓜	/	0.579	/	/	/	0.55	/	/	/
萨尔瓦多	/	0.525	/	/	0.493	0.53	/	/	/
危地马拉	/	/	0.542	/	/	0.56	0.585	/	/
委内瑞拉	/	/	0.500	/	/	0.50	/	0.427	0.412
乌拉圭	/	/	0.455	/	/	0.45	/	0.457	0.446
智利	0.564	/	/	0.552	/	0.57	0.552	/	/

数据来源：世界银行，《2001 年世界发展指标》、《2009 年世界发展指标》。

在财政调控指数（G）中：第一，财政收入和财政赤字占 GDP 的比重比较。虽多方查询未见拉美地区财政收入和财政赤字的翔实数据，但按照第二章中对拉美地区经济情况的逻辑分析，拉美地区宏观经济后来多依赖财政收入和财政赤字来拉动，其占 GDP 的大比重可想而知；而中国现阶段财政收入和财政赤字占 GDP 的比重在世界范围内与发达国家相比都位于十分低的水平。因此，拉美地区的财政收入和财政赤字占 GDP 的比重数值远大于中国。第二，财政社会性支出占 GDP 的比重比较。按照表 4－12 中对 1990～2000 年拉美社会支出占 GDP 的比重数据描述，可以计算出各国的平均水平；从拉美各国社会支出占 GDP 比重平均水平出发，可以看到整个拉美地区的社会指出占 GDP 比重自 1990 年以来呈单向不断上升的变化趋势；按照这种不断上升的变化方向继续进行推理，有理由认为 2000 年以后，这种不断的变化趋势应当呈继续上升的状态。截至 2008 年，这短短 8 年时间内，这种变化趋势最大的负向变化也只是增速减缓，或者即使在后几年的时间中呈现降低的陡然变化，但是绝对数值将依然高于 2000 年 13.8% 的平均水平；而按照上文中表 4－10 对 2000～2008 年中国财政社会性支出占 GDP 的比重描述，其所占区间为［4.3，6.9］。因此，拉美地区财政社会性支出占 GDP 的比重远大于中国，前者高于中国该项数据至少 1 倍以上。第三，GDP 增长率比较。如表 4－13 所示，拉美地区 2000～2008 年 GDP 增长率所占区间为［0.6，6.5］；而 2000～2008 年中国 GDP 增长率所占区间为［8.4，11.9］。因此，拉美地区 GDP 增长率要远低于中国。因此，拉美的财政调控指数（G）远远高于中国，濒临滥调控、无法掌控的被动局面，导致宏观经济恶性循环，落入“中等收入陷阱”。

表 4－12　1990～2000 年拉美社会支出占 GDP 的比重　单位：%

国家＼年份	1990～1991	1992～1993	1994～1995	1996～1997	1998～1999	2000～2001
阿根廷	19.3	20.1	21.1	20.0	20.8	21.6
巴西	18.1	17.7	19.3	17.3	19.3	18.8
巴拉圭	3.1	6.2	7.0	8.0	8.5	8.5
巴拿马	18.6	19.5	19.8	20.9	21.6	25.5

续表

年份 国家	1990～1991	1992～1993	1994～1995	1996～1997	1998～1999	2000～2001
秘鲁	4.0	5.3	6.7	7.1	7.7	8.0
玻利维亚	/	/	12.4	14.6	16.3	17.9
多米尼加	4.3	5.9	6.1	6.0	6.6	7.6
厄瓜多尔	5.5	5.8	7.4	8.2	8.1	8.8
哥伦比亚	6.8	8.1	11.5	15.3	14.0	13.6
哥斯达黎加	15.6	15.2	15.8	16.8	16.4	18.2
洪都拉斯	7.9	8.1	7.8	7.2	7.5	10.0
墨西哥	6.5	8.1	8.8	8.5	9.2	9.8
尼加拉瓜	11.1	10.9	12.2	11.3	13.0	13.2
萨尔瓦多	/	3.1	3.4	3.8	4.1	4.2
危地马拉	3.4	4.1	4.1	4.3	6.0	6.2
委内瑞拉	8.5	8.9	7.6	8.3	8.4	11.3
乌拉圭	16.9	18.9	20.3	21.3	22.8	23.5
智利	11.7	12.4	12.3	13.0	14.7	16.0
平均水平	10.1	10.9	11.7	12.1	12.8	13.8

数据来源：ECLAC, Social Expenditure Database.

表4-13　　2000～2008年拉美GDP增长率　　单位:%

年份 国家	2000	2001	2002	2003	2004	2005	2006	2007	2008
阿根廷	-0.8	-4.4	-10.9	8.8	9.0	9.2	8.5	8.7	6.8
巴西	4.3	1.3	2.7	1.1	5.7	3.2	4.0	5.7	5.1
巴拉圭	-3.3	2.1	0.0	3.8	4.1	2.9	4.3	6.8	5.8
巴拿马	2.7	0.6	2.2	4.2	7.5	7.2	8.5	12.1	10.7
秘鲁	3.0	0.2	5.0	4.0	5.0	6.8	7.7	8.9	9.8

续表

国家＼年份	2000	2001	2002	2003	2004	2005	2006	2007	2008
玻利维亚	2.5	1.7	2.5	2.7	4.2	4.4	4.8	4.6	6.1
多米尼加	5.7	1.8	5.8	-0.3	1.3	9.3	10.7	8.5	5.3
厄瓜多尔	2.8	5.3	4.2	3.6	8.0	6.0	3.9	2.5	6.5
哥伦比亚	2.9	2.2	2.5	4.6	4.7	5.7	6.9	7.5	2.4
哥斯达黎加	1.8	1.1	2.9	6.4	4.3	5.9	8.8	7.8	2.6
洪都拉斯	5.7	2.7	3.8	4.5	6.2	6.1	6.6	6.3	4.0
墨西哥	6.6	0.0	0.8	1.4	4.0	3.3	5.0	3.4	1.3
尼加拉瓜	4.1	3.0	0.8	2.5	5.3	4.3	3.9	3.2	3.2
萨尔瓦多	2.2	1.7	2.3	2.3	1.9	3.1	4.2	4.7	2.5
危地马拉	3.6	2.3	3.9	2.5	3.2	3.3	5.4	6.3	4.0
委内瑞拉	3.7	3.4	-8.9	-7.8	18.3	10.3	9.9	8.2	4.8
乌拉圭	-1.4	-3.4	-11.0	2.2	11.8	6.6	7.0	7.6	8.9
智利	4.5	3.4	2.2	3.9	6.0	5.6	4.6	4.7	3.2
平均水平	2.8	1.4	0.6	2.8	6.1	5.7	6.4	6.5	5.2

数据来源：CEPAL，Balance Preliminar de las Economías de América Latina y el Caribe 2009，http：//www.eclac.org/publicaciones/xml/2/38062/2009-853-BPE-WEB.pdf.

总之，2000~2008年拉美的劳动力市场指数（L）和财政调控指数（G）均远高于中国，所以该时间区间内拉美的福利赶超指数必定也远高于中国。基于此比较分析的结论，笔者认为：中国福利赶超指数远低于拉美地区福利赶超指数，即中国福利赶超水平较落入中等收入陷阱的经济体而言是较为合理的；但是考虑到拉美地区短时期、大强度进行民粹主义基础上的福利赶超对宏观经济造成的危害，中国福利赶超应适度，在中等收入阶段的发展中，应始终以经济赶超为主线。

第五节 小　　结

本章按照第三章建立的福利赶超指数模型对中国全国范围内福利赶超进行了分析。按照公式ⅰ和公式ⅱ的要求，逐一分析了中国劳动力市场指数（L）的各项数据和中国财政调控指数（G）的各项数据，并在此基础上计算了中国2000~2008年福利赶超指数，以此作为本书后面章节开展财税体系对策分析的实证基础。在计算中国福利赶超指数的基础上，笔者通过数据比较和逻辑推导相结合的方法将其与拉美地区福利赶超指数进行了比较，最终结论是：中国福利赶超指数远低于拉美地区福利赶超指数，即中国福利赶超水平较落入中等收入陷阱的经济体而言是较为合理的；但是考虑到拉美地区短时期、大强度进行民粹主义基础上的福利赶超对宏观经济造成的危害，中国福利赶超应适度，在中等收入阶段的发展中，应始终以经济赶超为主线。

第五章

中国各省市福利赶超指数与变化规律探析

中国幅员辽阔，随着工业化进程的不断推进，区域发展不平衡、城乡发展不协调的问题越发凸显。本章分析中国典型省市福利赶超指数，意在权变地看待中国福利赶超指数，立体分析中国典型省市之间福利赶超现状与差异，并为下文中对经济赶超与福利赶超的政策分析打下基础，试图细化政策，使之切实有效。鉴于中等收入阶段的划分建立在人均 GDP 的基础上，本章将在统一数据口径的基础上首先对中国各省市进行分组，接着按照组别对中国各省市进行进一步经济增长与福利赶超指数分析，试图细化中国典型省市经济赶超与福利赶超现状及存在问题的差异；在总体和典型省市分析的基础上，总结出中国经济赶超与福利赶超现状及存在的问题，为下一章制定总体战略和原则奠定基础。

第一节 中国典型省市组别划分

中国幅员辽阔，随着工业化进程的不断推进，区域发展不平衡、城乡发展不协调的问题越发凸显。分析中国典型省市福利赶超指数，意在权变地看待中国福利赶超指数，立体分析中国典型省市之间福利赶超现状与差异，并为下文中对经济赶超与福利赶超的政策分析打下基础，试图细化政策，使之切实有效。

一、中国全国及各省市人均 GDP 及均值

世界银行对高等、中等、低等收入的划分标准是基于国民生产总值（GNI）的基础上得到的人均国民生产总值，但本书试图分析中国国内直辖市和行政省，无法在一国领域内、普遍流动人口的基础上得到准确的人均 GNI 数值，而是相对更容易、更准确地得到人均 GDP 的数值。因此，本小节中各省市等级的划分将基于人均 GDP 的基础上。为了统一计量和计算口径，试图从中国国家统计局所公示的每个直辖市和行政省总人数和 GDP 着手，在数据统计口径统一的基础上按照同样的方法计算出各省市的人均 GDP 数值，以保证对各省市等级的划分建立在科学数据处理的基础上（见表 5－1、表 5－2）。

表 5－1　　2000～2010 年中国各省市人口数　　单位：万人

年份 地区	2000	2001	2002	2003	2004	2005	2006	2007	2008	2009	2010
北京	1382	1383	1423	1456	1493	1538	1581	1633	1695	1755	1962
天津	1001	1004	1007	1011	1024	1043	1075	1115	1176	1228	1299
河北	6744	6699	6735	6769	6809	6851	6898	6943	6989	7034	7194
山西	3297	3272	3294	3314	3335	3355	3375	3393	3411	3427	3574
内蒙古	2376	2377	2379	2380	2384	2386	2397	2405	2414	2422	2472
辽宁	4238	4194	4203	4210	4217	4221	4271	4298	4315	4319	4375
吉林	2728	2691	2699	2704	2709	2716	2723	2730	2734	2740	2747
黑龙江	3689	3811	3813	3815	3817	3820	3823	3824	3825	3826	3833
上海	1674	1614	1625	1711	1742	1778	1815	1858	1888	1921	2303

续表

地区 \ 年份	2000	2001	2002	2003	2004	2005	2006	2007	2008	2009	2010
江苏	7438	7355	7381	7406	7433	7475	7550	7625	7677	7725	7869
浙江	4677	4613	4647	4680	4720	4898	4980	5060	5120	5180	5447
安徽	5986	6328	6338	6410	6461	6120	6110	6118	6135	6131	5957
福建	3471	3440	3466	3488	3511	3535	3558	3581	3604	3627	3693
江西	4140	4186	4222	4254	4284	4311	4339	4368	4400	4432	4462
山东	9079	9041	9082	9125	9180	9248	9309	9367	9417	9470	9588
河南	9256	9555	9613	9667	9717	9380	9392	9360	9429	9487	9405
湖北	6028	5975	5988	6002	6016	5710	5693	5699	5711	5720	5728
湖南	6440	6596	6629	6663	6698	6326	6342	6355	6380	6406	6570
广东	8642	7783	7859	7954	8304	9149	9304	9449	9544	9638	10 441
广西	4489	4788	4822	4857	4889	4660	4719	4768	4816	4856	4610
海南	787	796	803	811	818	828	836	845	854	864	869
重庆	3090	3097	3107	3130	3122	2798	2808	2816	2839	2859	2885
四川	8329	8460	8673	8700	8725	8212	8169	8127	8138	8185	8045
贵州	3525	3799	3837	3870	3904	3730	3757	3762	3793	3798	3479
云南	4288	4287	4333	4367	4415	4450	4483	4514	4543	4571	4602
西藏	262	263	267	270	274	277	281	284	287	290	301
陕西	3605	3659	3674	3690	3705	3720	3735	3748	3762	3772	3735
甘肃	2562	2575	2593	2603	2619	2594	2606	2617	2628	2635	2560
青海	518	523	529	534	539	543	548	552	554	557	563
宁夏	562	563	572	580	588	596	604	610	618	625	633
新疆	1925	1876	1905	1934	1963	2010	2050	2095	2131	2159	2185

说明：人口数，指一定时点、一定地区范围内有生命的个人总和。

数据来源：国家统计局，《中国统计年鉴（2001）》、《中国统计年鉴（2011）》。

表 5－2　　2000～2010 年中国各省市 GDP 总表　　单位：亿元

地区＼年份	2000	2001	2002	2003	2004	2005	2006	2007	2008	2009	2010
北京	2478. 76	2845. 65	3212. 71	3663. 10	6060. 28	6886. 31	7861. 04	9353. 32	10 488. 03	12 153. 03	14 113. 58
天津	1639. 36	1840. 10	2051. 16	2447. 66	3110. 97	3697. 62	4344. 27	5050. 40	6354. 38	7521. 85	9224. 46
河北	5088. 96	5577. 78	6122. 53	7098. 56	8477. 63	10 096. 11	11 515. 76	13 709. 50	16 188. 61	17 235. 48	20 394. 26
山西	1643. 81	1779. 97	2017. 54	2456. 59	3571. 37	4179. 52	4714. 99	5733. 35	6938. 73	7358. 31	9200. 86
内蒙古	1401. 01	1545. 79	1756. 29	2150. 41	3041. 07	3895. 55	4841. 82	6091. 12	7761. 80	9740. 25	11 672. 00
辽宁	4669. 06	5033. 08	5265. 66	6002. 54	6672. 00	8009. 01	9214. 21	11 023. 49	13 461. 57	15 212. 49	18 457. 27
吉林	1821. 19	2032. 48	2246. 12	2522. 62	3122. 01	3620. 27	4275. 12	5284. 69	6424. 06	7278. 75	8667. 58
黑龙江	3253. 00	3561. 00	3882. 16	4430. 00	4750. 60	5511. 50	6201. 45	7065. 00	8310. 00	8587. 00	10 368. 60
上海	4551. 15	4950. 84	5408. 76	6250. 81	8072. 83	9154. 18	10 366. 37	12 188. 85	13 698. 15	15 046. 45	17 165. 98
江苏	8582. 73	9511. 91	10 631. 75	12 460. 83	15 003. 60	18 305. 66	21 645. 08	25 741. 15	30 312. 61	34 457. 30	41 425. 48
浙江	6036. 36	6748. 15	7796. 00	9395. 00	11 648. 70	13 437. 85	15 742. 51	18 780. 44	21 486. 92	22 990. 35	27 722. 31
安徽	3038. 24	3290. 13	3553. 56	3972. 38	4759. 32	5375. 12	6131. 10	7364. 18	8874. 17	10 062. 82	12 359. 33
福建	3920. 07	4253. 68	4682. 01	5232. 17	5763. 35	6568. 93	7584. 36	9249. 13	10 823. 11	12 236. 53	14 727. 12
江西	2003. 07	2175. 68	2450. 48	2830. 46	3456. 70	4056. 76	4670. 53	5500. 25	6480. 33	7655. 18	9451. 26
山东	8542. 44	9438. 31	10 552. 06	12 435. 93	15 021. 84	18 516. 87	22 077. 36	25 965. 91	31 072. 06	33 896. 65	39 169. 92

续表

年份 地区	2000	2001	2002	2003	2004	2005	2006	2007	2008	2009	2010
河南	5137.66	5640.11	6168.73	7048.59	8553.79	10 587.42	12 362.79	15 012.46	18 407.78	19 480.46	23 092.36
湖北	4276.32	4662.28	4830.98	5401.71	5633.24	6520.14	7581.32	9230.68	11 330.38	12 961.10	15 967.61
湖南	3691.88	3983.00	4140.94	4638.73	5641.94	6511.34	7508.87	9200.00	11 156.64	13 059.69	16 037.96
广东	9662.23	10 647.71	11 735.64	13 625.87	18 864.62	22 366.54	26 159.52	31 084.40	35 696.46	39 482.56	46 013.06
广西	2050.14	2231.19	2455.36	2735.13	3433.50	4075.75	4828.51	5955.65	7171.58	7759.16	9569.85
海南	518.48	545.96	597.50	670.93	798.90	894.57	1031.85	1223.38	1459.23	1654.21	2064.50
重庆	1589.34	1749.77	1971.30	2250.56	2692.81	3070.49	3452.14	4122.51	5096.66	6530.01	7925.58
四川	4010.25	4421.76	4875.12	5456.32	6379.63	7385.11	8637.81	10 505.30	12 506.25	14 151.28	17 185.48
贵州	993.53	1084.90	1185.04	1356.11	1677.80	1979.06	2270.89	2741.90	3333.40	3912.68	4602.16
云南	1955.09	2074.71	2232.32	2465.29	3081.91	3472.89	3981.31	4741.31	5700.10	6169.75	7224.18
西藏	117.46	138.73	161.42	184.50	220.34	251.21	291.01	342.19	395.91	441.36	507.46
陕西	1660.92	1844.27	2101.60	2398.58	3175.58	3675.66	4520.07	5465.79	6851.32	8169.80	10 123.48
甘肃	983.36	1072.51	1161.43	1304.60	1688.49	1933.98	2276.70	2702.40	3176.11	3387.56	4120.75
青海	263.59	300.95	341.11	390.21	466.10	543.32	639.50	783.61	961.53	1081.27	1350.43
宁夏	265.57	298.38	329.28	358.34	537.16	606.10	710.76	889.20	1098.51	1353.31	1689.65
新疆	1364.36	1485.48	1598.28	1877.61	2209.09	2604.19	3045.26	3523.16	4203.41	4277.05	5437.47

数据来源：国家统计局：《中国统计年鉴（2001）》、《中国统计年鉴（2011）》，国家统计局官方网站。

特别说明：在数据处理过程中，笔者注意到国家统计局针对各省市的GDP数据采用本年度发布上年度数据且在后续两年中继续对该数据进行微调并重新公布的方法，而《中国统计年鉴》每年度发布包括2011年在内且以2011年为基点再前数四年的各省市GDP数据，因而若查阅的年鉴年份不同，可能会出现与本表中数据不同的现象。总之，第一，此调整为微调，与原数据无大差异；第二，两年后该数据将不再继续调整；第三，本书使用该数据的目的在于分类和排序，而小微调并不会影响本部分研究大格局。因此，采用以上表中数据进行继续研究，表中数据主要来源于2005年、2007年和2011年《中国统计年鉴》（见表5－3、表5－4）。

需要说明的是，本书在第二章对中国现阶段即将由下中等收入阶段步入上中等收入阶段的论述中采用的是世界银行发布的人均GNI数据，但为了保证各省市水平与全国人均GDP水平统计口径的一致、保证可比性，本章将同样采用国家统计局发布的《中国统计年鉴》中总GDP和总人数的相关数据计算人均GDP。在此基础上，可以计算出2000～2010年中国人均GDP的平均值为：16 220.74元。

二、中国各省市基于人均GDP的组别划分（见表5－5）。

表5－5降序排列了中国各省市2000～2010年人均GDP均值，由于均基于中国国家统计局编制《中国统计年鉴》上公布的数据，所以数据认定为口径一致。在此基础上，本部分将基于全国人均GDP在2000～2010年区间的均值和世界银行对收入阶段的划分对各省市进行划分。第一，若以2000～2010年中国人均GDP均值16 220.74元为分界线，中国各省市可以分为高于均值水平和低于均值水平。其中，高于均值水平的省市是：上海、北京、天津、浙江、江苏、广东、山东、辽宁、福建和内蒙古自

表 5－3　2000～2010 年各省人均 GDP 总表

单位:元

年份 地区	2000	2001	2002	2003	2004	2005	2006	2007	2008	2009	2010	平均值
北京	17 936. 03	20 575. 92	22 577. 02	25 158. 65	40 591. 29	44 774. 45	49 721. 95	57 276. 91	61 876. 28	69 248. 03	71 934. 66	43 788. 29
天津	16 377. 22	18 327. 69	20 369. 02	24 210. 29	30 380. 57	35 451. 77	40 411. 81	45 295. 07	54 033. 84	61 252. 85	71 012. 01	37 920. 19
河北	7545. 91	8326. 29	9090. 62	10 486. 87	12 450. 62	14 736. 70	16 694. 35	19 745. 79	23 162. 98	24 503. 10	28 348. 99	15 917. 47
山西	4985. 77	5440. 01	6124. 89	7412. 76	10 708. 76	12 457. 59	13 970. 34	16 897. 58	20 342. 22	21 471. 58	25 743. 87	13 232. 31
内蒙古	5896. 51	6503. 11	7382. 47	9035. 29	12 756. 17	16 326. 70	20 199. 50	25 326. 90	32 153. 27	40 215. 73	47 216. 83	20 273. 86
辽宁	11 017. 13	12 000. 67	12 528. 34	14 257. 81	15 821. 67	18 974. 20	21 573. 89	25 647. 95	31 197. 15	35 222. 25	42 362. 34	21 873. 04
吉林	6675. 92	7552. 88	8322. 05	9329. 22	11 524. 58	13 329. 42	15 700. 04	19 357. 84	23 496. 93	26 564. 78	31 552. 89	15 764. 23
黑龙江	8818. 11	9344. 00	10 181. 38	11 612. 06	12 445. 90	14 428. 01	16 221. 42	18 475. 42	21 725. 49	22 443. 81	27 050. 87	15 704. 22
上海	27 187. 28	30 674. 35	33 284. 68	36 533. 08	46 342. 31	51 485. 83	57 114. 99	65 601. 99	72 553. 76	78 326. 13	74 537. 47	52 149. 26
江苏	11 539. 03	12 932. 58	14 404. 21	16 825. 32	20 185. 12	24 489. 18	28 668. 98	33 758. 89	39 484. 97	44 604. 92	52 643. 89	27 230. 64
浙江	12 906. 48	14 628. 55	16 776. 41	20 074. 79	24 679. 45	27 435. 38	31 611. 47	37 115. 49	41 966. 64	44 382. 92	50 894. 64	29 315. 66
安徽	5075. 58	5199. 32	5606. 75	6197. 16	7366. 23	8782. 88	10 034. 53	12 036. 91	14 464. 82	16 413. 02	20 747. 57	10 174. 98
福建	11 293. 78	12 365. 35	13 508. 40	15 000. 49	16 415. 12	18 582. 55	21 316. 36	25 828. 34	30 030. 83	33 737. 33	39 878. 47	21 632. 46
江西	4838. 33	5197. 52	5804. 07	6653. 64	8068. 86	9410. 25	10 764. 07	12 592. 15	14 728. 02	17 272. 52	21 181. 67	10 591. 92
山东	9409. 01	10 439. 45	11 618. 65	13 628. 42	16 363. 66	20 022. 57	23 716. 15	27 720. 63	32 995. 71	35 793. 72	40 853. 07	22 051. 00
河南	5550. 63	5902. 78	6417. 07	7291. 39	8802. 91	11 287. 23	13 163. 11	16 038. 95	19 522. 52	20 533. 85	24 553. 28	12 642. 16
湖北	7094. 09	7802. 98	8067. 77	8999. 85	9363. 76	11 418. 81	13 316. 92	16 197. 02	19 839. 57	22 659. 27	27 876. 41	13 876. 04
湖南	5732. 73	6038. 51	6246. 70	6961. 92	8423. 32	10 292. 98	11 839. 91	14 476. 79	17 486. 9	20 386. 65	24 410. 9	12 027. 03
广东	11 180. 55	13 680. 73	14 932. 74	17 130. 84	22 717. 51	24 446. 98	28 116. 42	32 897. 03	37 401. 99	40 965. 51	44 073. 81	26 140. 37

续表

地区＼年份	2000	2001	2002	2003	2004	2005	2006	2007	2008	2009	2010	平均值
广西	4567.03	4659.96	5092.00	5631.32	7022.91	8746.24	10 232.06	12 490.88	14 891.15	15 978.50	20 758.89	10 006.45
海南	6588.06	6858.79	7440.85	8272.87	9766.50	10 803.99	12 342.70	14 477.87	17 087.00	19 553.31	23 041.29	12 384.84
重庆	5143.50	5649.89	6344.71	7190.29	8625.27	10 973.87	12 293.95	14 639.60	17 952.31	22 840.19	27 471.68	12 647.75
四川	4814.80	5226.67	5621.03	6271.63	7311.90	8993.07	10 573.89	12 926.42	15 367.72	17 289.29	21 361.69	10 523.46
贵州	2818.52	2855.75	3088.45	3504.16	4297.64	5305.79	6044.42	7288.41	8788.29	10 301.94	13 228.4	6138.34
云南	4559.44	4839.54	5151.90	5645.27	6980.54	7804.25	8880.91	10 503.57	125 470	13 497.59	15 697.91	8737.08
西藏	4483.21	5274.90	6045.69	6833.33	8041.61	9063.95	10 356.23	12 048.94	13 794.77	15 219.31	16 859.14	9820.10
陕西	4607.27	5040.37	5720.20	6500.22	8571.07	9880.81	12 101.93	14 583.22	18 211.91	21 659.07	27 104.36	12 180.04
甘肃	3838.25	4165.09	4479.10	5011.91	6447.08	7455.59	8736.38	10 326.33	12 085.65	12 856.02	16 096.68	8318.01
青海	5088.61	5754.30	6448.20	7307.30	8674.50	10 005.89	11 669.71	14 195.83	17 356.14	19 412.39	23 986.32	11 809.02
宁夏	4725.44	5299.82	5756.64	6178.28	9135.37	10 169.46	11 767.55	14 577.05	17 775.24	21 652.96	26 692.73	11 727.74
新疆	7087.58	7918.34	8389.92	9708.43	11 253.64	12 956.17	14 854.93	16 816.99	19 725.06	19 810.33	24 885.45	12 581.90

表 5－4　　2000～2010 年中国人均 GDP

年份	2000	2001	2002	2003	2004	2005	2006	2007	2008	2009	2010	单位
GDP	99 214.6	109 655.2	120 332.7	135 822.8	159 878.3	184 937.4	216 314.4	265 810.3	314 045.4	340 902.8	401 202.0	亿元
人口	126 743	127 627	128 453	129 227	129 988	130 756	131 448	132 129	132 802	133 450	134 091	万人
人均 GDP	7828.01	8591.85	9367.84	10 510.40	12 299.47	14 143.70	16 456.27	20 117.48	23 647.64	25 545.36	29 920.13	元

数据来源：国家统计局：《中国统计年鉴（2001）》、《中国统计年鉴（2011）》，国家统计局官方网站。

表 5-5　2000~2010 年中国各省市人均 GDP 均值降序排序　单位：元

位次	地区	人均 GDP 均值
1	上海	52 149.26
2	北京	43 788.29
3	天津	37 920.19
4	浙江	29 315.66
5	江苏	27 230.64
6	广东	26 140.37
7	山东	22 051.00
8	辽宁	21 873.04
9	福建	21 632.46
10	内蒙古	20 273.86
11	河北	15 917.47
12	吉林	15 764.23
13	黑龙江	15 704.22
14	湖北	13 876.04
15	山西	13 232.31
16	重庆	12 647.75
17	河南	12 642.16
18	新疆	12 581.90
19	海南	12 384.84
20	陕西	12 180.04
21	湖南	12 027.03
22	青海	11 809.02
23	宁夏	11 727.74
24	江西	10 591.92
25	四川	10 523.46
26	安徽	10 174.98
27	广西	10 006.45
28	西藏	9820.10
29	云南	8737.08
30	甘肃	8318.01
31	贵州	6138.34

治区；其他省市均低于均值水平。第二，若以世界银行的数据来看，纵观2000～2008年中等收入和高等收入的人均收入分界值分别为：9265、9206、9075、9385、10 065、10 725、11 115、11 455和11 905美元，均值为10 244美元。现阶段中美汇率处于历史较低阶段，但即使按照现阶段汇率“1美元=6.29元人民币”换算成人民币，该分界均值依然高达人民币64 434.76元。目前，中国没有任何行政省和直辖市达到高等收入水平；而中等收入阶段内部划分上中等收入和下中等收入的分界值，分别为：2995、2975、2935、3035、3255、3465、3595、3705和3855美元，均值为3313美元，按照现阶段汇率换算成人民币为20 838.77元。目前，中国处于上中等收入阶段的省市是：上海、北京、天津、浙江、江苏、广东、山东和辽宁。需要特别说明的是，世界银行对中国统计数据中仅停留在全国人均GNI数据，若想继续分析国内的详细情况，数据源必须采用国家统计局数据，两者数据统计口径不尽统一，但笔者仍然认为这样的数据比较，对于现阶段中国经济赶超与福利赶超研究而言有相当重要的意义，且能够在一定程度上看出省市所处的档次和水平（见图5-1）。

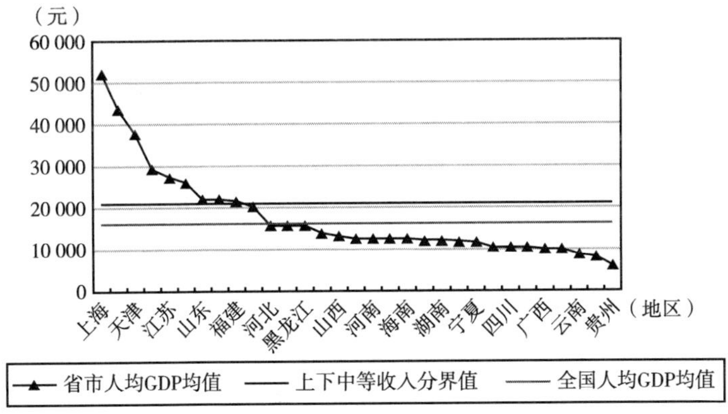

图5-1　全国31个省市人均GDP均值分组

由图5－1可以看出，上下中等收入分界值和全国2000～2010年人均GDP均值将全国31个省、自治区和直辖市分为三个区域：高于上下中等收入分界值的高端组、低于上下中等收入分界值但高于全国人均GDP均值的中端组和低于全国人均GDP均值的低端组。具体情况如表5－6、表5－7所示：

表5－6　全国人均收入分组　单位：元

地　区	人均收入	地区	人均收入
上海	52 149.26	上下中等收入分界值	20 838.77
北京	43 788.29	福建	21 632.46
天津	37 920.19	内蒙古	20 273.86
浙江	29 315.66	全国人均GDP均值	16 220.74
江苏	27 230.64		
广东	26 140.37		
山东	22 051.00		
辽宁	21 873.04		
上下中等收入分界值	20 838.77		

表5－7　全国人均GDP均值低端组　单位：元

地　区	人均收入
河北	15 917.47
吉林	15 764.23
黑龙江	15 704.22
湖北	13 876.04
山西	13 232.31
重庆	12 647.75
河南	12 642.16
新疆	12 581.90
海南	12 384.84
陕西	12 180.04
湖南	12 027.03
青海	11 809.02

续表

地　区	人均收入
宁夏	11 727.74
江西	10 591.92
四川	10 523.46
安徽	10 174.98
广西	10 006.45
西藏	9820.10
云南	8737.08
甘肃	8318.01
贵州	6138.34
全国人均 GDP 均值	16 220.74

第二节　高端组福利赶超指数

在以上高、中、低端组划分基础上，本小节试图对每个组进行福利赶超指数分析，并以此作为下文中研究经济赶超与福利赶超财税政策权变因素的基础。在全国范围内分析中，对于基尼系数数据的来源已经非常多重和繁杂，进入到省市分析的阶段中，基尼系数数据更为稀少且未见有任何官方数据，考虑到省市之间的对比属于全国范围内，而基尼系数应当在一国范围内体现的更为明显，但考虑到各地方福利赶超指数与全国福利赶超指数的可对比性，因而在以下分析中将统一利用全国基尼系数。中国财政体制运行中对于地方政府财政实行量入为出、收支平衡、略有结余的原则，所以在对省市的分析中，也将没有“财政预算赤字占 GDP 比重”这一项，同样考虑到省市之间的可对比性，在省市分析中全部沿用全国财政赤字占 GDP 比重数据。

一、高端组劳动力市场指数（L）

按照划分标准，高端组成员省市有八个：上海、北京、天津、浙江、江苏、广东、山东、辽宁（见表5-8）。

公式1:劳动力市场指数(L)=结构性失业率+基尼系数(全国)

表5-8　2000~2008年高端组失业率、均值及基尼系数　单位:%

年份 省市	2000	2001	2002	2003	2004	2005	2006	2007	2008
上海	3.1	4.8	4.8	4.9	4.5	4.4	4.4	4.2	4.2
北京	3.1	1.2	1.4	1.4	1.3	2.1	2.0	1.8	1.8
天津	3.1	3.6	3.9	3.8	3.8	3.7	3.6	3.6	3.6
浙江	3.1	3.7	4.2	4.2	4.1	3.7	3.5	3.3	3.5
江苏	3.1	3.6	4.2	4.1	3.8	3.6	3.4	3.2	3.3
广东	3.1	2.9	3.1	2.9	2.7	2.6	2.6	2.5	2.6
山东	3.1	3.3	3.6	3.6	3.4	3.3	3.3	3.2	3.7
辽宁	3.1	3.2	6.5	6.5	6.5	5.6	5.1	4.3	3.9
失业率	3.10	3.3	4.0	3.9	3.8	3.6	3.5	3.3	3.3
基尼系数	0.412	0.390	0.426	0.390	0.488	0.425	0.496	0.458	0.469
L1	3.512	3.690	4.426	4.290	4.288	4.025	3.996	3.758	3.769

数据来源：《中国统计年鉴（2001）》、《中国统计年鉴（2011）》，国家统计局官方网站。

二、高端组财政调控指数（G）

高端组财政调控指如表5-9、表5-10、表5-11、表5-12、表5-13、表5-14、表5-15、表5-16、表5-17所示。

公式2：财政调控指数(G)=财政收入占GDP的比重+财政赤字占GDP的比重+财政社会性支出占GDP的比重-GDP增长率

表 5-9　　2000~2008 年高端组财政收入　　单位:万元

省市 \ 年份	2000	2001	2002	2003	2004	2005	2006	2007	2008
上海	4 853 777	6 094 719	7 089 518	8 862 277	11 061 932	14 173 976	15 760 742	20 744 792	23 587 464
北京	3 449 968	4 541 676	5 339 900	5 925 388	7 444 874	9 192 098	11 171 514	14 926 380	18 373 238
天津	1 336 069	1 636 350	1 718 323	2 045 295	2 461 800	3 318 507	4 170 479	5 404 390	6 756 186
浙江	3 427 745	5 006 948	5 668 522	7 065 607	8 059 479	10 665 964	12 982 044	16 494 981	19 333 890
江苏	4 483 097	5 721 473	6 436 966	7 981 065	9 804 939	13 226 753	16 566 820	22 377 276	27 314 074
广东	9 105 560	11 605 126	12 016 126	13 155 151	14 185 056	18 072 044	21 794 608	27 858 007	33 103 235
山东	4 636 788	5 731 793	6 102 242	7 137 877	8 283 306	10 731 250	13 562 526	16 753 980	19 570 541
辽宁	2 956 274	3 704 387	3 996 888	4 470 490	5 296 405	6 752 768	8 176 718	10 826 948	13 560 812

数据来源:《中国统计年鉴(2001)》、《中国统计年鉴(2011)》,国家统计局官方网站。

表 5－10 2000～2008 年高端组 GDP

单位:亿元

省市＼年份	2000	2001	2002	2003	2004	2005	2006	2007	2008
上海	4551. 15	4950. 84	5408. 76	6250. 81	8072. 83	9154. 18	10 366. 37	12 188. 85	13 698. 15
北京	2478. 76	2845. 65	3212. 71	3663. 10	4283. 31	6886. 31	7861. 04	9353. 32	10 488. 03
天津	1639. 36	1840. 10	2051. 16	2447. 66	3110. 97	3697. 62	4344. 27	5050. 40	6354. 38
浙江	6036. 36	6748. 15	7796. 00	9395. 00	11 648. 70	13 437. 85	15 742. 51	18 780. 44	21 486. 92
江苏	8582. 73	9511. 91	10 631. 75	12 460. 83	15 003. 60	18 305. 66	21 645. 08	25 741. 15	30 312. 61
广东	9662. 23	10 647. 71	11 735. 64	13 625. 87	18 864. 62	22 366. 54	26 159. 52	31 084. 40	35 696. 46
山东	8542. 44	9438. 31	10 552. 06	12 435. 93	15 021. 84	18 516. 87	22 077. 36	25 965. 91	31 072. 06
辽宁	4669. 06	5033. 08	5265. 66	6002. 54	6672. 00	8009. 01	9214. 21	11 023. 49	13 461. 57

数据来源:《中国统计年鉴(2001)》,《中国统计年鉴(2011)》,国家统计局官方网站。

表 5-11　　2000~2008 年高端组财政收入占 GDP 的比重及均值　　单位：%

年份 / 省市	2000	2001	2002	2003	2004	2005	2006	2007	2008
上海	10.7	12.3	13.1	14.1	13.7	15.5	15.2	17.0	17.2
北京	13.9	16.0	16.6	16.2	17.3	13.3	14.2	16.0	17.5
天津	8.1	8.9	8.4	8.4	7.9	9.0	9.6	10.7	10.6
浙江	5.7	7.4	7.3	7.5	6.9	7.9	8.2	8.8	9.0
江苏	5.2	6.0	6.1	6.4	6.5	7.2	7.7	8.7	9.0
广东	9.4	10.9	10.2	9.7	7.5	8.1	8.3	9.0	9.3
山东	5.4	6.1	5.8	5.7	5.5	5.8	6.1	6.5	6.3
辽宁	6.3	7.4	7.6	7.4	7.9	8.4	8.9	9.8	10.1
均值 1	8.09	9.38	9.39	9.43	9.15	9.4	9.78	10.81	11.13

表 5-12　　2000~2008 年中国财政赤字占 GDP 的比重

年份 / 均值	2000	2001	2002	2003	2004	2005	2006	2007	2008
均值 2	2.6	2.3	2.6	2.2	1.3	1.2	0.8	-0.6	0.4

表 5－13　**2000～2008 年高端组社会支出**

单位：万元

年份 省市	2000	2001	2002	2003	2004	2005	2006	2007	2008
上海	1 421 264	1 659 421	1 870 473	2 292 428	2 840 539	3 495 368	4 167 988	7 955 544	9 531 103
北京	1 085 467	1 304 111	1 561 428	1 884 456	2 316 196	2 774 172	3 500 184	7 055 988	8 439 779
天津	629 280	721 897	842 531	995 255	1 172 439	1 369 347	1 737 573	2 609 926	3 359 955
浙江	1 400 223	1 727 779	2 178 085	2 664 389	3 196 589	3 733 876	4 475 473	7 250 406	8 889 336
江苏	1 832 924	2 231 512	2 568 900	2 997 843	3 607 060	4 478 802	5 313 381	9 376 043	11 310 008
广东	2 494 874	3 093 448	3 839 254	4 291 661	4 645 185	5 177 885	6 217 849	11 724 439	14 665 390
山东	1 838 881	2 238 552	2 568 515	2 898 773	3 373 039	4 145 311	4 941 691	8 953 009	10 888 149
辽宁	1 700 073	2 118 113	2 423 860	2 693 791	2 996 010	3 679 639	4 445 806	7 851 981	9 391 922

数据来源：《中国统计年鉴（2001）》、《中国统计年鉴（2011）》，国家统计局官方网站。

表 5-14　2000~2008 年高端组社会支出占 GDP 的比重及均值　单位:%

省市＼年份	2000	2001	2002	2003	2004	2005	2006	2007	2008
上海	3.1	3.4	3.5	3.7	3.5	3.8	4.0	6.5	7.0
北京	4.4	4.6	4.9	5.1	5.4	4.0	4.5	7.5	8.0
天津	3.8	3.9	4.1	4.1	3.8	3.7	4.0	5.2	5.3
浙江	2.3	2.6	2.8	2.8	2.7	2.8	2.8	3.9	4.1
江苏	2.1	2.3	2.4	2.4	2.4	2.4	2.5	3.6	3.7
广东	2.6	2.9	3.3	3.1	2.5	2.3	2.4	3.8	4.1
山东	2.2	2.4	2.4	2.3	2.2	2.2	2.2	3.4	3.5
辽宁	3.6	4.2	4.6	4.5	4.5	4.6	4.8	7.1	7.0
均值 3	3.01	3.29	3.5	3.5	3.38	3.23	3.4	5.13	5.34

数据来源：作者自己计算的处理结果。

表 5-15　2000~2008 年高端组 GDP 增长率　单位:%

省市＼年份	2000	2001	2002	2003	2004	2005	2006	2007	2008
上海	8.8	8.8	9.2	15.6	29.1	13.4	13.2	17.6	12.4
北京	14.8	14.8	12.9	14.0	16.9	13.6	14.1	19.0	12.1
天津	12.2	12.2	11.5	16.1	27.1	18.9	17.5	16.3	25.8
浙江	11.8	11.8	15.5	20.5	24.0	15.3	17.2	19.3	14.4
江苏	10.8	10.8	11.8	17.2	20.4	22.0	18.2	18.9	17.8
广东	10.2	10.2	10.2	16.1	38.4	18.6	17.0	18.8	14.8
山东	10.5	10.5	11.8	17.9	20.8	23.3	19.2	17.6	19.7
辽宁	7.8	7.8	4.6	14.0	11.2	20.0	15.0	19.6	22.1
均值 4	10.9	10.9	10.9	16.4	23.5	18.1	16.4	18.4	17.4

数据来源：作者自计算的处理结果。

表 5－16　　高端组财政调控指数（G）

项目＼年份	2000	2001	2002	2003	2004	2005	2006	2007	2008
均值 1	8. 09	9. 38	9. 39	9. 43	9. 15	9. 4	9. 78	10. 81	11. 13
均值 2	2. 6	2. 3	2. 6	2. 2	1. 3	1. 2	0. 8	-0. 6	0. 4
均值 3	3. 01	3. 29	3. 5	3. 5	3. 38	3. 23	3. 4	5. 13	5. 34
均值 4	10. 9	10. 9	10. 9	16. 4	23. 5	18. 1	16. 4	18. 4	17. 4
G1	2. 8	4. 07	4. 59	-1. 27	-9. 67	-4. 27	-2. 42	-3. 06	-0. 53

表 5－17　　2000～2008 年高端组福利赶超指数

项目＼年份	2000	2001	2002	2003	2004	2005	2006	2007	2008
L1	3. 512	3. 690	4. 426	4. 290	4. 288	4. 025	3. 996	3. 758	3. 769
G1	2. 8	4. 07	4. 59	-1. 27	-9. 67	-4. 27	-2. 42	-3. 06	-0. 53
指数 1	6. 312	7. 76	9. 016	3. 02	-5. 382	-0. 245	1. 576	0. 698	3. 239

第三节　中端组福利赶超指数

按照划分标准，中端组组员省市有两个：福建和内蒙古。

一、中端组劳动力市场指数

劳动力市场指数（L）＝结构性失业率＋基尼系数

具体指数如表 5－18 所示。

表 5-18　　2000~2008 年中端组失业率及均值　　单位:%

年份 / 省市	2000	2001	2002	2003	2004	2005	2006	2007	2008
福建	3.1	3.8	4.2	4.1	4.0	4.0	3.9	3.9	3.9
内蒙古	3.1	3.7	4.1	4.5	4.6	4.3	4.1	4.0	4.1
均值 1	3.10	3.75	4.15	4.30	4.30	4.15	4.00	3.95	4.00
基尼系数	0.412	0.390	0.426	0.390	0.488	0.425	0.496	0.458	0.469
L2	3.512	4.140	4.576	4.690	4.788	4.575	4.496	4.408	4.469

数据来源:《中国统计年鉴 (2000~2008 年)》。

二、中端组财政调控指数 (G)

财政调控指数 (G) = 财政收入占 GDP 的比重 + 财政社会性支出占 GDP 的比重 + 财政社会性支出占 GDP 的比重 - GDP 增长率

具体指数如表 5-19、表 5-20、表 5-21、表 5-22、表 5-23、表 5-24、表 5-25、表 5-26 所示。

表 5-19　　2000~2008 年中端组财政收入　　单位:万元

年份 / 省市	2000	2001	2002	2003	2004	2005	2006	2007	2008
福建	2 341 061	2 742 846	2 728 867	3 047 095	3 335 230	4 326 003	5 411 707	6 994 577	8 334 032
内蒙古	950 320	994 313	1 128 546	1 387 157	1 967 589	2 774 553	3 433 774	4 923 615	6 506 764

数据来源:《中国统计年鉴 (2000~2008 年)》。

表 5-20　　2000~2008 年中端组 GDP　　单位:亿元

年份 / 省市	2000	2001	2002	2003	2004	2005	2006	2007	2008
福建	3920.07	4253.68	4682.01	5232.17	5763.35	6568.93	7584.36	9249.13	10 823.11
内蒙古	1401.01	1545.79	1756.29	2150.41	3041.07	3895.55	4841.82	6091.12	7761.80

数据来源:《中国统计年鉴 (2000~2008 年)》。

表 5－21　2000～2008 年中端组财政收入占 GDP 的比重　单位:%

年份 省市	2000	2001	2002	2003	2004	2005	2006	2007	2008
福建	6.0	6.4	5.8	5.8	5.8	6.6	7.1	7.6	7.7
内蒙古	6.8	6.4	6.4	6.5	6.5	7.1	7.1	8.1	8.4
均值 1	6.4	6.5	6.2	6.2	6.2	6.9	7.1	7.8	8.1

数据来源:《中国统计年鉴（2000～2008 年)》。

表 5－22　2000～2008 年中国财政赤字占 GDP 的比重

年份 省市	2000	2001	2002	2003	2004	2005	2006	2007	2008
均值 2	2.6	2.3	2.6	2.2	1.3	1.2	0.8	-0.6	0.4

数据来源:《中国统计年鉴（2000～2008 年)》。

表 5－23　2000～2008 年中端组社会支出　单位：万元

年份 省市	2000	2001	2002	2003	2004	2005	2006	2007	2008
福建	982 239	1 110 230	1 237 968	1 401 300	1 541 397	1 717 336	2 112 256	3 657 760	4 649 110
内蒙古	612 894	765 182	938 383	1 081 646	1 400 508	1 488 062	1 840 973	2 849 192	5 047 278

数据来源:《中国统计年鉴（2000～2008 年)》。

表 5－24　2000～2008 年中端组社会支出占 GDP 的比重　单位:%

年份 省市	2000	2001	2002	2003	2004	2005	2006	2007	2008
福建	2.5	2.6	2.6	2.7	2.7	2.6	2.8	4.0	4.3
内蒙古	4.4	5.0	5.3	5.0	4.6	3.8	3.8	4.7	6.5
均值 3	3.5	3.8	4.0	3.9	3.7	3.2	3.3	4.3	5.4

数据来源:《中国统计年鉴（2000～2008 年)》。

表 5－25　　2000～2008 年中端组 GDP 增长率　　单位：%

年份 省市	2000	2001	2002	2003	2004	2005	2006	2007	2008
福建	8. 5	8. 5	10. 1	11. 8	10. 2	14. 0	15. 5	22. 0	17. 0
内蒙古	10. 3	10. 3	13. 6	22. 4	41. 4	28. 1	24. 3	25. 8	27. 4
均值 4	9. 4	9. 4	11. 9	17. 1	25. 8	21. 1	19. 6	23. 9	22. 2

数据来源：《中国统计年鉴（2000～2008 年）》。

表 5－26　　中端组财政调控指数

年份 省市	2000	2001	2002	2003	2004	2005	2006	2007	2008
均值 1	6. 4	6. 5	6. 2	6. 2	6. 2	6. 9	7. 1	7. 8	8. 1
均值 2	2. 6	2. 3	2. 6	2. 2	1. 3	1. 2	0. 8	－0. 6	0. 4
均值 3	3. 5	3. 8	4. 0	3. 9	3. 7	3. 2	3. 3	4. 3	5. 4
均值 4	－9. 4	－9. 4	－11. 9	－17. 1	－25. 8	－21. 1	－19. 6	－23. 9	－22. 2
G2	3. 1	3. 2	0. 9	－4. 8	－14. 6	－9. 8	－8. 4	－12. 4	－8. 3

数据来源：《中国统计年鉴（2000～2008 年）》。

三、中端组福利赶超指数（见表 5－27）

表 5－27　　中端组福利赶超指数

年份 省市	2000	2001	2002	2003	2004	2005	2006	2007	2008
L2	3. 512	4. 140	4. 576	4. 690	4. 788	4. 575	4. 496	4. 408	4. 469
G2	3. 1	3. 2	0. 9	－4. 8	－14. 6	－9. 8	－8. 4	－12. 4	－8. 3
指数 2	6. 612	7. 34	5. 476	－0. 11	－9. 812	－5. 225	－3. 904	－7. 992	－3. 831

数据来源：《中国统计年鉴（2000～2008 年）》。

第四节　低端组福利赶超指数

按照划分标准，低端组组员省市有21个：河北、吉林、黑龙江、湖北、山西、重庆、河南、新疆、海南、山西、湖南、青海、宁夏、江西、四川、安徽、广西、西藏、云南、甘肃、贵州。

一、低端组劳动力市场指数（见表5－28）

劳动力市场指数（L）＝结构性失业率＋基尼系数

表5－28　2000～2008年低端组失业率、均值及基尼系数　单位:%

年份 / 省市	2000	2001	2002	2003	2004	2005	2006	2007	2008
河北	3.1	3.2	3.6	3.9	4.0	3.9	3.8	3.8	4.0
吉林	3.1	3.1	3.6	4.3	4.2	4.2	4.2	3.9	4.0
黑龙江	3.1	4.7	4.9	4.2	4.5	4.4	4.3	4.3	4.2
湖北	3.1	4.0	4.3	4.3	4.2	4.3	4.2	4.2	4.2
山西	3.1	2.6	3.4	3.0	3.1	3.0	3.2	3.2	3.3
重庆	3.1	3.9	4.1	4.1	4.1	4.1	4.0	4.0	4.0
河南	3.1	2.8	2.9	3.1	3.4	3.5	3.5	3.4	3.4
新疆	3.1	3.7	3.7	3.5	3.5	3.9	3.9	3.9	3.7
海南	3.1	3.4	3.1	3.4	3.4	3.6	3.6	3.5	3.7
陕西	3.1	3.2	3.3	3.5	3.8	4.2	4.0	3.0	3.9
湖南	3.1	4.0	4.0	3.8	4.4	4.3	4.3	4.2	4.2

续表

省市＼年份	2000	2001	2002	2003	2004	2005	2006	2007	2008
青海	3.1	3.5	3.6	3.8	3.9	3.9	3.9	3.8	3.8
宁夏	3.1	4.4	4.4	4.4	4.5	4.5	4.3	4.3	4.4
江西	3.1	3.3	3.4	3.6	3.6	3.5	3.6	3.4	3.4
四川	3.1	4.3	4.5	4.4	4.4	4.6	4.5	4.2	4.6
安徽	3.1	3.7	4.0	4.1	4.2	4.4	4.2	4.1	3.9
广西	3.1	3.5	3.7	3.6	4.1	4.2	4.1	3.8	3.8
西藏	3.1	4.0	4.0	4.0	4.0	4.0	4.0	4.0	4.0
云南	3.1	3.3	4.0	4.1	4.3	4.2	4.3	4.2	4.2
甘肃	3.1	2.8	3.2	3.4	3.4	3.3	3.6	3.3	3.2
贵州	3.1	4.0	4.1	4.0	4.1	4.2	4.1	4.0	4.0
均值1	3.1	3.6	3.8	3.8	4.0	4.0	4.0	3.8	3.9
基尼系数	0.412	0.390	0.426	0.390	0.488	0.425	0.496	0.458	0.469
L3	3.512	3.990	4.226	4.190	4.488	4.425	4.496	4.258	4.396

二、低端组财政调控指数

财政调控指数(G) = 财政收入占 GDP 的比重 + 财政社会性支出占 GDP 的比重 + 财政社会性支出占 GDP 的比重 - GDP 增长率

具体指数如表 5 - 29、表 5 - 30、表 5 - 31、表 5 - 32、表5 - 33、表5 - 34、表5 - 35、表5 - 36 所示。

表 5－29　　2000～2008 年低端组财政收入　　单位:万元

年份/省市	2000	2001	2002	2003	2004	2005	2006	2007	2008
河北	2 487 621	2 835 023	3 023 068	3 358 263	4 078 273	5 157 017	6 205 340	7 891 198	9 475 858
吉林	1 038 267	1 211 015	1 314 885	1 540 033	1 662 807	2 071 520	2 452 045	3 206 892	4 227 961
黑龙江	1 853 379	2 136 398	2 318 908	2 488 643	2 894 200	3 182 056	3 868 440	4 404 689	5 782 773
湖北	2 143 450	2 319 410	2 434 403	2 597 636	3 104 464	3 755 217	4 760 823	5 903 552	7 108 492
山西	1 144 762	1 327 618	1 508 245	1 860 547	2 563 634	3 683 437	5 833 752	5 978 870	7 480 047
重庆	872 442	1 061 243	1 260 674	1 615 618	2 006 241	2 568 072	3 177 165	4 427 000	5 775 738
河南	2 464 694	2 677 459	2 967 179	3 380 535	4 287 799	5 376 514	6 791 715	8 620 804	10 089 009
新疆	790 724	950 933	1 164 724	1 282 218	1 557 040	1 803 184	2 194 628	2 858 600	3 610 616
海南	391 995	437 656	462 385	513 205	570 358	686 802	818 139	1 082 935	1 448 584
陕西	1 149 711	1 358 109	1 502 934	1 773 300	2 149 586	2 753 183	3 624 805	4 752 398	5 914 750
湖南	1 770 403	2 054 078	2 311 459	2 686 469	3 206 279	3 952 651	4 779 274	6 065 508	7 227 122
青海	165 843	198 241	210 965	240 411	269 960	338 222	422 437	567 083	715 692

续表

年份 省市	2000	2001	2002	2003	2004	2005	2006	2007	2008
宁夏	208 244	275 745	264 714	300 310	374 677	477 216	613 570	800 312	950 090
江西	1 115 536	1 319 790	1 405 457	1 681 670	2 057 667	2 529 236	3 055 214	3 898 510	4 886 476
四川	2 338 630	2 711 245	2 918 746	3 365 917	3 857 848	4 796 635	6 075 850	8 508 606	10 416 603
安徽	1 787 187	1 921 813	2 002 154	2 207 487	2 746 284	3 340 170	4 280 265	5 436 973	7 246 197
广西	1 470 539	1 786 706	1 867 320	2 036 578	2 377 721	2 830 359	3 425 788	4 188 265	5 184 245
西藏	53 848	61 108	73 082	81 499	100 188	120 312	145 607	201 412	248 823
云南	1 807 450	1 912 799	2 067 594	2 289 992	2 633 618	3 126 490	3 799 702	4 867 146	6 140 518
甘肃	612 849	699 485	762 432	876 561	1 041 600	1 235 026	1 412 152	1 909 107	2 649 650
贵州	852 324	997 494	1 082 800	1 245 552	1 492 855	1 824 963	2 268 157	2 851 375	3 478 416

表 5－30　2000～2008 年低端组 GDP

单位：亿元

省市＼年份	2000	2001	2002	2003	2004	2005	2006	2007	2008
河北	5088.96	5577.78	6122.53	7098.56	8477.63	10 096.11	11 515.76	13 709.50	16 188.61
吉林	1821.19	2032.48	2246.12	2522.62	3122.01	3620.27	4275.12	5284.69	6424.06
黑龙江	3253.00	3561.00	3882.16	4430.00	4750.60	5511.50	6201.45	7065.00	8310.00
湖北	4276.32	4662.28	4830.98	5401.71	5633.24	6520.14	7581.32	9230.68	11 330.38
山西	1643.81	1779.97	2017.54	2456.59	3571.37	4179.52	4714.99	5733.35	6938.73
重庆	1589.34	1749.77	1971.30	2250.56	2692.81	3070.49	3452.14	4122.51	5096.66
河南	5137.66	5640.11	6168.73	7048.59	8553.79	10 587.42	12 362.79	15 012.46	18 407.78
新疆	1364.36	1485.48	1598.28	1877.61	2209.09	2604.19	3045.26	3523.16	4203.41
海南	518.48	545.96	597.50	670.93	798.90	894.57	1031.85	1223.38	1459.23
陕西	1660.92	1844.27	2101.60	2398.58	3175.58	3675.66	4520.07	5465.79	6851.32
湖南	3691.88	3983.00	4140.94	4638.73	5641.94	6511.34	7508.87	9200.00	11 156.64
青海	263.59	300.95	341.11	390.21	466.10	543.32	639.50	783.61	961.53

续表

年份 省市	2000	2001	2002	2003	2004	2005	2006	2007	2008
宁夏	265.57	298.38	329.28	358.34	537.16	606.10	710.76	889.20	1098.51
江西	2003.07	2175.68	2450.48	2830.46	3456.70	4056.76	4670.53	5500.25	6480.33
四川	4010.25	4421.76	4875.12	5456.32	6379.63	7385.11	8637.81	10 505.30	12 506.25
安徽	3038.24	3290.13	3553.56	3972.38	4759.32	5375.12	6131.10	7364.18	8874.17
广西	2050.14	2231.19	2455.36	2735.13	3433.50	4075.75	4828.51	5955.65	7171.58
西藏	117.46	138.73	161.42	184.50	220.34	251.21	291.01	342.19	395.91
云南	1955.09	2074.71	2232.32	2465.29	3081.91	3472.89	3981.31	4741.31	5700.10
甘肃	983.36	1072.51	1161.43	1304.60	1688.49	1933.98	2276.70	2702.40	3176.11
贵州	993.53	1084.90	1185.04	1356.11	1677.80	1979.06	2270.89	2741.90	3333.40

表5－31　2000～2008年低端组财政收入占GDP的比重　单位：%

省市＼年份	2000	2001	2002	2003	2004	2005	2006	2007	2008
河北	4.9	5.1	4.9	4.7	4.8	5.1	5.4	5.8	5.9
吉林	5.7	6.0	5.9	6.1	5.3	5.7	5.7	6.1	6.6
黑龙江	5.7	6.0	6.0	5.6	6.1	5.8	6.2	6.2	7.0
湖北	5.0	5.0	5.0	4.8	5.5	5.8	6.3	6.4	6.3
山西	7.0	7.5	7.5	7.6	7.2	8.8	12.4	10.4	10.8
重庆	5.5	6.1	6.4	7.2	7.5	8.4	9.2	10.7	11.3
河南	4.8	4.7	4.8	4.8	5.0	5.1	5.5	5.7	5.5
新疆	5.8	6.4	7.3	6.8	7.0	6.9	7.2	8.1	8.6
海南	7.6	8.0	7.7	7.6	7.1	7.7	7.9	8.9	9.9
山西	6.9	7.4	7.2	7.4	6.8	7.5	8.0	8.7	8.6
湖南	4.8	5.2	5.6	5.8	5.7	6.1	6.4	6.6	6.5
青海	6.3	6.6	6.2	6.2	5.8	6.2	6.6	7.2	7.4
宁夏	7.8	9.2	8.0	8.4	7.0	7.9	8.6	9.0	8.6
江西	5.6	6.1	5.7	5.9	6.0	6.2	6.5	7.1	7.5
四川	5.8	6.1	6.0	6.2	6.0	6.5	7.0	8.1	8.3
安徽	5.9	5.8	5.6	5.6	5.8	6.2	7.0	7.4	8.2
广西	7.2	8.0	7.6	7.4	6.9	6.9	7.1	7.0	7.2
西藏	4.6	4.4	4.5	4.4	4.5	4.8	5.0	5.9	6.3
云南	9.2	9.2	9.3	9.3	8.5	9.0	9.5	10.3	10.8
甘肃	6.2	6.5	6.6	6.7	6.2	6.4	6.2	7.1	8.3
贵州	8.6	9.2	9.1	9.2	8.9	9.2	10.0	10.4	10.4
均值1	6.2	6.6	6.5	6.6	6.4	6.8	7.3	7.8	8.1

表5－32　2000～2008年中国财政赤字占GDP的比重

年份	2000	2001	2002	2003	2004	2005	2006	2007	2008
均值2	2.6	2.3	2.6	2.2	1.3	1.2	0.8	－0.6	0.4

表 5-33　　2000～2008 年低端组社会支出　　单位:万元

年份 省市	2000	2001	2002	2003	2004	2005	2006	2007	2008
河北	1 264 552	1 641 014	1 897 817	2 296 981	2 484 574	3 168 658	3 553 965	6 197 974	8 192 621
吉林	722 976	934 353	1 124 984	1 319 563	1 725 777	2 173 304	2 213 453	3 745 102	4 890 303
黑龙江	1 223 703	1 464 899	1 654 985	1 838 824	2 317 874	2 648 756	3 304 525	5 121 738	6 009 959
湖北	1 167 224	1 363 676	1 578 679	1 779 642	2 084 999	2 428 978	3 245 191	5 382 128	7 088 852
山西	744 559	1 001 907	1 188 631	1 476 468	1 760 957	2 061 113	2 483 867	4 587 407	5 696 911
重庆	1 284 151	689 123	887 599	960 625	1 044 802	1 304 877	1 647 104	3 161 177	4 090 696
河南	1 355 129	1 642 331	2 110 852	2 419 598	2 836 969	3 381 857	4 270 382	8 047 346	9 916 338
新疆	563 262	778 030	992 300	1 006 700	1 142 876	1 378 274	1 719 311	3 157 022	4 094 062
海南	177 288	217 735	287 633	308 664	381 898	464 493	820 082	960 232	1 350 214
陕西	808 415	1 061 408	1 187 970	1 233 868	1 583 816	2 169 710	2 531 589	4 284 633	6 378 057
湖南	1 016 636	1 303 693	1 619 239	1 724 865	2 192 460	2 559 831	3 084 523	5 493 454	7 611 063
青海	198 768	255 283	281 921	315 716	372 069	468 449	591 125	1 150 045	1 528 948

续表

年份 / 省市	2000	2001	2002	2003	2004	2005	2006	2007	2008
宁夏	180 850	249 501	387 463	308 796	298 861	363 419	481 356	960 701	1 196 306
江西	713 329	896 380	1 140 586	1 321 092	1 417 518	1 657 055	2 020 438	3 825 605	4 930 577
四川	581 656	1 704 627	2 043 898	2 155 491	2 482 910	3 035 546	3 687 157	7 132 202	10 221 852
安徽	942 539	1 223 472	1 510 313	1 644 500	1 928 462	2 101 485	2 769 020	5 270 363	6 748 257
广西	744 294	1 008 493	1 243 141	1 392 732	1 515 273	1 840 184	2 265 157	3 854 058	5 044 278
西藏	134 859	168 360	236 434	258 267	292 151	363 982	382 640	771 906	1 034 515
云南	1 145 883	1 429 168	1 580 422	1 862 873	2 039 089	2 210 964	2 703 152	4 710 282	6 169 095
甘肃	561 970	641 327	815 964	1 069 889	1 191 647	1 476 991	1 717 479	2 944 125	4 238 598
贵州	620 319	837 605	1 030 567	1 107 049	1 335 392	1 656 720	1 931 107	3 115 501	4 354 846

表 5－34　2000～2008 年低端组社会支出占 GDP 的比重　单位:%

省市＼年份	2000	2001	2002	2003	2004	2005	2006	2007	2008
河北	2.5	2.9	3.1	3.2	2.9	3.1	3.1	4.5	5.1
吉林	4.0	4.6	5.0	5.2	5.5	6.0	5.2	7.1	7.6
黑龙江	3.8	4.1	4.3	4.2	4.9	4.8	5.3	7.2	7.2
湖北	2.7	2.9	3.3	3.3	3.7	3.7	4.3	5.8	6.3
山西	4.5	5.6	5.9	6.0	4.9	4.9	5.3	8.0	8.2
重庆	8.1	3.9	4.5	4.3	3.9	4.2	4.8	7.7	8.0
河南	2.6	2.9	3.4	3.4	3.3	3.2	3.5	5.4	5.4
新疆	4.1	5.2	6.2	5.4	5.2	5.3	5.6	9.0	9.7
海南	3.4	4.0	4.8	4.6	4.8	5.2	7.9	7.8	9.3
山西	4.9	5.8	5.7	5.1	5.0	5.9	5.6	7.8	9.3
湖南	2.8	3.3	3.9	3.7	3.9	3.9	4.1	6.0	6.8
青海	7.5	8.5	8.3	8.1	8.0	8.6	9.2	14.7	15.9
宁夏	6.8	8.4	11.8	8.6	5.6	6.0	6.8	10.8	10.9
江西	3.6	4.1	4.7	4.7	4.1	4.1	4.3	7.0	7.6
四川	1.5	3.9	4.2	4.0	3.9	4.1	4.3	6.8	8.2
安徽	3.1	3.7	4.3	4.1	4.1	3.9	4.5	7.2	7.6
广西	3.6	4.5	5.1	5.1	4.4	4.5	4.7	6.5	7.0
西藏	11.5	12.1	14.6	14.0	13.3	14.5	13.1	22.6	26.1
云南	5.9	6.9	7.1	7.6	6.6	6.4	6.8	9.9	10.8
甘肃	5.7	6.0	7.0	8.2	7.1	7.6	7.5	10.9	13.3
贵州	6.2	7.7	8.7	8.2	8.0	8.4	8.5	11.4	13.1
均值 3	4.7	5.3	6.0	5.8	5.4	5.6	5.9	8.8	9.7

表 5-35　　2000~2008 年低端组 GDP 增长率及均值　　单位:%

年份 省市	2000	2001	2002	2003	2004	2005	2006	2007	2008
河北	9.6	9.6	9.8	15.9	19.4	19.1	14.1	19.0	18.1
吉林	11.6	11.6	10.5	12.3	23.8	16.0	18.1	23.6	21.6
黑龙江	9.5	9.5	9.0	14.1	7.2	16.0	12.5	13.9	17.6
湖北	9.0	9.0	3.6	11.8	4.3	15.7	16.3	21.8	22.7
山西	8.3	8.3	13.3	21.8	45.4	17.0	12.8	21.6	21.0
重庆	10.1	10.1	12.7	14.2	19.7	14.0	12.4	19.4	23.6
河南	9.8	9.8	9.4	14.3	21.4	23.8	16.8	21.4	22.6
新疆	8.9	8.9	7.6	17.5	17.7	17.9	16.9	15.7	19.3
海南	5.3	5.3	9.4	12.3	19.1	12.0	15.3	18.6	19.3
山西	11.0	11.0	14.0	14.1	32.4	15.7	23.0	20.9	25.3
湖南	7.9	7.9	4.0	12.0	21.6	15.4	15.3	22.5	21.3
青海	14.2	14.2	13.3	14.4	19.4	16.6	17.7	22.5	22.7
宁夏	12.4	12.4	10.4	8.8	49.9	12.8	17.3	25.1	23.5
江西	8.6	8.6	12.6	15.5	22.1	17.4	15.1	17.8	17.8
四川	10.3	10.3	10.3	11.9	16.9	15.8	17.0	21.6	19.0
安徽	8.3	8.3	8.0	11.8	19.8	12.9	14.1	20.1	20.5
广西	8.8	8.8	10.0	11.4	25.5	18.7	18.5	23.3	20.4
西藏	18.1	18.1	16.4	14.3	19.4	14.0	15.8	17.6	15.7
云南	6.1	6.1	7.6	10.4	25.0	12.7	14.6	19.1	20.2
甘肃	9.1	9.1	8.3	12.3	29.4	14.5	17.7	18.7	17.5
贵州	9.2	9.2	9.2	14.4	23.7	18.0	14.7	20.7	21.6
均值4	9.8	9.8	10	13.6	23	16	16	20.2	20.5

表 5－36　　低端组财政调控指数

年份 省市	2000	2001	2002	2003	2004	2005	2006	2007	2008
均值 1	6.2	6.6	6.5	6.6	6.4	6.8	7.3	7.8	8.1
均值 2	2.6	2.3	2.6	2.2	1.3	1.2	0.8	－0.6	0.4
均值 3	4.7	5.3	6.0	5.8	5.4	5.6	5.9	8.8	9.7
均值 4	－9.8	－9.8	－10	－13.6	－23	－16	－16	－20.2	－20.5
G3	3.7	4.4	5.1	1	－9.9	－2.4	－2	－4.2	－2.3

三、低端组福利赶超指数（见表 5－37）

表 5－37　　低端组福利赶超指数

年份 省市	2000	2001	2002	2003	2004	2005	2006	2007	2008
L3	3.512	3.990	4.226	4.190	4.488	4.425	4.496	4.258	4.396
G3	3.7	4.4	5.1	1	－9.9	－2.4	－2	－4.2	－2.3
指数 3	7.212	8.39	9.326	5.19	－5.412	2.025	2.496	0.058	2.096

第五节　福利赶超指数变化规律与“倒 U”形曲线

本小节首先在对中国各省市福利赶超指数分析的基础上，提出了可供探寻的规律。由于这一规律是在 2000～2008 年的时间区间数据分析基础上总结出来的，所以在一定程度上带有不完整性；在此不完整规律的基础上，结合第四章中对中国福利赶超指数现状的分析以及拉美的比较分析，同时结合本章中对高、中、低端组别福利赶超指数的分析，在福利赶超与经济赶超相关理论的基础上，加入对中等收入阶段福利赶超与经济赶超的关系进行的思考，提出了“倒 U”形曲线的猜想。

一、福利赶超指数变化规律——直接规律与延伸规律

按照以上对中国各省市福利赶超指数的分析，可得出高端组、中端组和低端组的福利赶超指数表格如表 5－38、表 5－39、表 5－40 所示。

表 5－38　高端组织福利赶超指数

项目＼年份	2000	2001	2002	2003	2004	2005	2006	2007	2008
L1	3. 512	3. 690	4. 426	4. 290	4. 288	4. 025	3. 996	3. 758	3. 769
G1	2. 8	4. 07	4. 59	－1. 27	－9. 67	－4. 27	－2. 42	－3. 06	－0. 53
指数 1	6. 312	7. 76	9. 016	3. 02	－5. 382	－0. 245	1. 576	0. 698	3. 239

表 5－39　中端组福利赶超指数

项目＼年份	2000	2001	2002	2003	2004	2005	2006	2007	2008
L2	3. 512	4. 140	4. 576	4. 690	4. 788	4. 575	4. 496	4. 408	4. 469
G2	3. 1	3. 2	0. 9	－4. 8	－14. 6	－9. 8	－8. 4	－12. 4	－8. 3
指数 2	6. 612	7. 34	5. 476	－0. 11	－9. 812	－5. 225	－3. 904	－7. 992	－3. 831

表 5－40　低端组福利赶超指数

项目＼年份	2000	2001	2002	2003	2004	2005	2006	2007	2008
L3	3. 512	3. 990	4. 226	4. 190	4. 488	4. 425	4. 496	4. 258	4. 396
G3	3. 7	4. 4	5. 1	1	－9. 9	－2. 4	－2	－4. 2	－2. 3
指数 3	7. 212	8. 39	9. 326	5. 19	－5. 412	2. 025	2. 496	0. 058	2. 096

由以上数据表格可以得到直接规律和延伸规律。第一，直接规律：远离下、上中等收入分界点的低端组和高端组福利赶超指数较高；而更接近该分界点的中端组福利赶超指数较低。直接规律从表5－38、表5－39、表5－40中可以明确看出，高端组和低端组福利赶超指数数值明显大于中端组福利赶超指数数值，而高端组与中端组的分界点是世界银行划分的下、上中等收入分界点。那么我们可以认为，从表格中数据表现的直接规律就是，越接近下、上中等收入分界点，即越接近要从下中等收入阶段步入上中等收入阶段的发展时期，福利赶超指数会越低；而还没有面临收入阶段变化压力仍处于低端的组别以及已经脱离收入阶段变压力步入高端的组别，福利赶超指数会相对较高。第二，延伸规律：越接近收入阶段变化拐点，福利赶超指数越低；越远离收入阶段变化拐点，福利赶超指数越高。如果按照此理论基础和逻辑推导对直接规律进行解析，也可以得到合理的逻辑。如果称不同收入阶段的分界点为拐点，那么经济体在拐点之前是处于较低层次的收入阶段，而通过拐点之后便步入了较高层次的收入阶段。如果将某经济体由处于较低层次收入阶段通过拐点而步入较高层次收入阶段的过程分成五个重要时间区间，那么可以得到“较低收入阶段平稳时期—较低收入阶段发力时期—拐点时期—较高收入阶段缓和时期—较高收入阶段平稳时期”的发展轨迹。其中，在较低收入阶段平稳时期，在经济赶超的战略下，福利赶超会发力，原因是短期内没有收入阶段变化的压力，经济赶超会平稳推进，从而福利赶超指数相对较大；在中间三个时期，经济体面临收入阶段的变化，在经济增长方面的表现就是无论以技术发力、资本发力等哪个方面为侧重点，都要更加注重经济增长，着力让经济赶超发力来步入较高的收入阶段，这一时期内，福利赶超指数就相对较低；在最后一个时期，经济赶超会在一个更高的水平上平稳推进，而福利赶超就开始发力，将福利推向一个更高的水平。

二、福利赶超效应——“倒U”形曲线

以上通过福利赶超指数的变化分析了在收入阶段变化前后，福利赶超与经济赶超的发展规律，这一规律是在全国和各省市福利赶超指数的基础上分析得到的，可能带有较为明显的地域经济发展特征以及片面性，加之该分组及数据处理是基于下、上中等收入阶段的变化，并不是基于低、中收入阶段或者是中、高收入阶段这样的大阶段变化，但是就理论逻辑的推理来看，其仍然具有相当的合理性且对大阶段变化中福利赶超与经济赶超的发展具有一定的参考价值。尽管如此，笔者并不认为这一规律是完整的，或者可以直接称其为“不完整的规律”，原因是其只在一定程度上揭示了两者的变动方向，并没有从任何角度揭示关于效应量的描述，而对于经济增长与福利水平这样一对具有辩证关系的变量而言，效应量也是至关重要的。由于本书一直试图将研究的视角落在中等收入阶段福利赶超这一方面，所以笔者也试图在不完整的规律基础上，继续放大视角，试图关注福利赶超对经济增长的正面效应究竟可能是怎样变化的。探析经济增长与福利水平的研究方法有很多，诸如，公式推导法、计量模型及模型推导、选取样本进行应用统计研究等。但是笔者在导师贾康先生的指导下，试图在各项理论基础、福利赶超指数模型分析基础以及逻辑推导的基础上，提出“倒U”形曲线的猜想及简单权变分析。

（一）“倒U”形曲线猜想

如果利用引入“倒U”形曲线的方法来表示福利水平与经济增长的关系，那么，福利赶超度与经济增长之间的关系应当是一条“倒U”形曲线，且该曲线不一定是平滑的、规则的，它只是为了说明一种大体的趋势，以及粗略表示福利赶超度对经济增长的效应（见图5－2）。

提出福利赶超效应曲线内在逻辑是：第一，经济增长是手段，而福利水平是最终归宿；福利水平对经济增长也具有一定的

促进作用；但是由于福利水平与经济增长之间存在竞争和挤出，所以福利水平对经济增长的促进作用是有限的。第二，过高、过快、过于盲目地提高福利水平，会对经济增长造成巨大负担，那么就会产生负面效应。第三，在福利水平提高的过程中，必然要经历由低到高的过程，这种由低到高的过程中，福利水平对经济增长的效应水平也要经历“逐步提升—达到最高—逐步回落—变为负面”的历程，其形状应当是“倒 U”形。第四，福利水平提高的过程可以通过以上分析的福利赶超指数来衡量。福利赶超指数越大，那么福利赶超效应曲线就会越陡峭，例如，拉美地区民粹主义基础上的福利赶超，其福利赶超指数要远大于中国，因此其福利赶超效应曲线应当特别陡峭，并且很快进入负值区域；福利赶超指数保持在合理的低水平上，那么证明福利水平提高得越平稳，即福利赶超效应曲线也会越平缓，对经济增长的正面效应也就越大、越长。

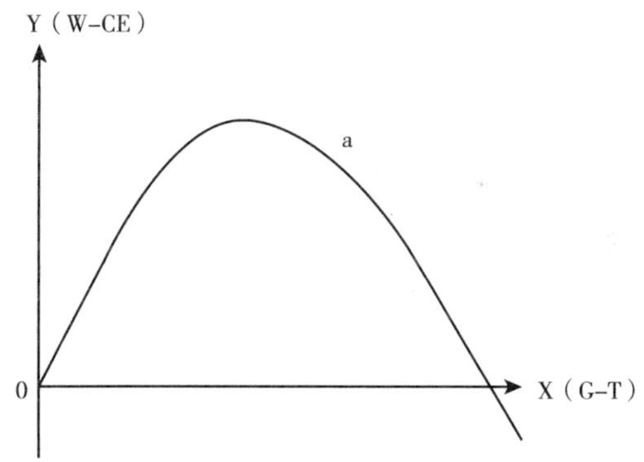

图 5-2　福利赶超效应

其中，Y 表示福利赶超的正面效应（用 W-C E 表示）；X 表示经济增长的时间历程（用 G-T 表示）；a 表示福利赶超对经济增长的效应可能的变化曲线，即“倒 U”曲线。

需要说明的前提是，第一，此图是为了说明福利赶超的效应，并不是某经济体福利赶超可能会经历的轨迹，即此图是效应图而不是轨迹图；第二，此图是试图将所有情况包括已经发生的、可能在现实中发生的、不可能在现实中发生的或极端的情况考虑在内，所以并不是依靠某些具体数据支撑而直接得到的数据图，而是在一定数据基础上依靠理论基础和逻辑推理试图表示福利赶超效应趋势的猜想图。

福利赶超正面效应曲线的特点有，第一，福利赶超效应曲线是一条通过原点的“倒 U”形曲线；第二，福利赶超效应曲线有最高点，该最高点也是其拐点；第三，福利赶超效应曲线从原点出发后可以继续与 X 轴相交，且可以继续穿过 X 轴，成为负值；第四，福利赶超效应曲线与 X 轴的截距越大，说明该经济体的福利赶超阶段对经济增长的正面效应时间越长；反之，则越短；第五，福利赶超效应曲线的特点是，从原点出发后，在拐点前增长越快、拐点纵轴坐标越高，那么该曲线出现拐点的时间就越早、下降速度也越快。

（二）简单权变分析

主要的权变情况可以有两种，即过快的福利赶超和平稳的福利赶超。其中，过快的福利赶超意指民粹主义基础上过急、过猛、不计后果的福利赶超；平稳的福利赶超意指较为成功的、对经济增长做出了较大贡献的福利赶超。

第一，民粹主义基础上的福利赶超效应图特点是：福利赶超指数更高、曲线更加陡峭、正面效应更加少、负面效应更加多且将会更快地进入负面效应（见图 5－3）。

第二，平稳的福利赶超效应图特点是：福利赶超指数在较低水平上更加平稳、曲线也更加平缓、正面效应更加多、负面效应更加少且将会更晚地进入负面效应（见图 5－4）。

根据第四章中对中国全国福利赶超指数的分析及与拉美地区的比较，以及对中国位于不同收入阶段的各省市按照组别进行的福利赶超指数分析，中国目前福利赶超指数远远低于拉美地区即

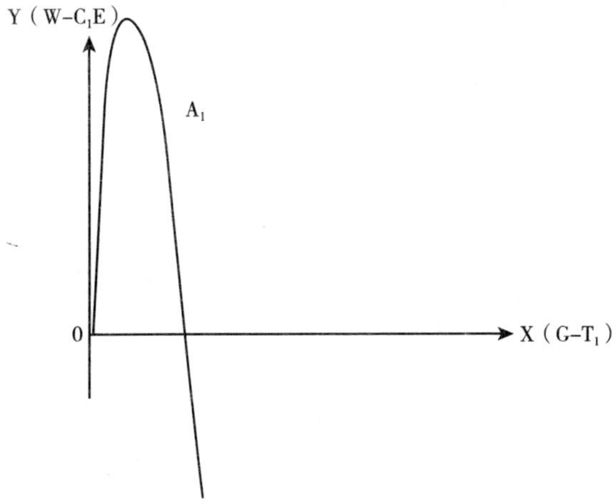

图 5－3　民粹主义基础上的福利赶超效应

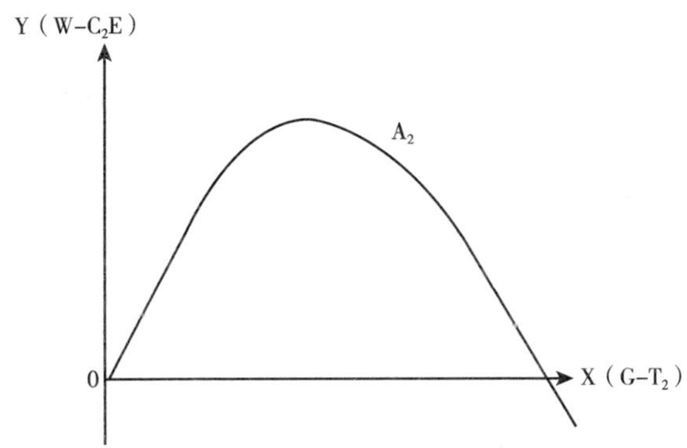

图 5－4　平稳的福利赶超效应

远远低于民粹主义基础上的福利赶超指数；结合福利赶超效应“倒 U”形图，有理由认为中国目前福利赶超正处于适度水平，中国福利赶超图曲线截至目前的发展阶段，应当是十分平缓的，对中国的经济增长也起到了十分积极的正面效应。然而，随着中国全国由下中等收入阶段向上中等收入阶段迈进，结合以上阐述的“不完整的规律”，应当更加注重经济赶超发力，减少盲目福利赶超为经济增长带来的过重负担；结合平稳的福利赶超效应“倒U”形曲线，中国在现阶段注重经济赶超发力的基础上，同样注重将福利赶超向前平稳推进，充分利用福利赶超对经济赶超的正面效应，且在可能的情况下将这一时期尽量拉长，从而达到更加合理、科学地利用福利赶超阶段推动经济赶超阶段，促进经济赶超继续发力，帮助中国由下中等收入阶段完全步入上中等收入阶段、由中等收入阶段逐步步入高收入阶段；与此同时，通过稳步推进福利赶超达到提高中国福利水平的阶段性目标，并逐步随着中国全国由中等收入阶段步入高收入阶段，迎来坚实经济基础之上的福利水平的切实提高。

第六节　小　　结

本章利用福利赶超指数进行了中国各省市福利赶超现状分析，以此为下文财税政策的开展奠定最为重要的实证基础：

首先，利用统一的数据口径和对人均 GDP 的统一算法，按照世界银行对低中等收入和高中等收入的划分值以及全国的平均值两项标准，对全国 31 个行政省、直辖市和自治区进行了分类，具体分类见表 5 - 41、表 5 - 42、表 5 - 43 所示。

表 5 - 41　　高端组　　单位：元

地　区	人均收入
上海	52 149.26
北京	43 788.29
天津	37 920.19
浙江	29 315.66

续表

地　区	人均收入
江苏	27 230. 64
广东	26 140. 37
山东	22 051. 00
辽宁	21 873. 04
上下中等收入分界值	20 838. 77

表 5－42　　中端组　　单位：元

地　区	人均收入
上下中等收入分界值	20 838. 77
福建	21 632. 46
内蒙古	20 273. 86
全国人均 GDP 均值	16 220. 74

表 5－43　　低端组　　单位：元

地　区	人均收入
全国人均 GDP 均值	16 220. 74
河北	15 917. 47
吉林	15 764. 23
黑龙江	15 704. 22
湖北	13 876. 04
山西	13 232. 31
重庆	12 647. 75
河南	12 642. 16
新疆	12 581. 90
海南	12 384. 84
陕西	12 180. 04

续表

地　区	人均收入
湖南	12 027. 03
青海	11 809. 02
宁夏	11 727. 74
江西	10 591. 92
四川	10 523. 46
安徽	10 174. 98
广西	10 006. 45
西藏	9820. 10
云南	8737. 08
甘肃	8318. 01
贵州	6138. 34

其次，本章在后三个小节中分别计算了高端组、中端组和低端组的福利赶超指数，具体数据如表 5 – 44 所示。

表 5 – 44　　　　　　中国分组福利赶超指数表

年份 指数	2000	2001	2002	2003	2004	2005	2006	2007	2008
高端	6. 312	7. 76	9. 016	3. 02	– 5. 382	– 0. 245	1. 576	0. 698	3. 239
中端	6. 612	7. 34	5. 476	– 0. 11	– 9. 812	– 5. 225	– 3. 904	– 7. 992	– 3. 831
低端	7. 212	8. 39	9. 326	5. 19	– 5. 412	2. 025	2. 496	0. 058	2. 096

最后，本章在以上数据分析的基础上，提出了福利赶超与经济赶超发展的不完整规律：越接近收入阶段变化拐点，福利赶超指数越低；越远离收入阶段变化拐点，福利赶超指数越高。在此规律的基础上，结合第四章中对中国全国福利赶超指数的分析以及与拉美地区民粹主义基础上的福利赶超指数的比较，本章提出

了描述福利赶超效应的“倒 U”形曲线，认为该曲线的特点是：第一，福利赶超效应曲线是一条通过原点的“倒 U”形曲线；第二，福利赶超效应曲线有最高点，该最高点也是其拐点；第三，福利赶超效应曲线从原点出发后可以继续与 X 轴相交，且可以继续穿过 X 轴，成为负值；第四，福利赶超效应曲线与 X 轴的截距越大，说明该经济体的福利赶超阶段对经济增长的正面效应时间越长，反之，则越短；第五，从原点出发后，在拐点前增长越快、拐点纵轴坐标越高，那么该曲线出现拐点的时间就越早、下降速度也越快。除原型曲线外，本章还在此基础上进行了简单权变分析。

第六章

中国经济赶超与福利赶超基本方针、现状与财政职能

经济赶超阶段是一个必经阶段，也是一个必须坚持下去的、关键的过渡阶段；而在经济赶超过程中，福利赶超与之相辅相成，为了有效避免中等收入陷阱，就必须提供更多福利，并把握好福利赶超的度，同时在整个中等收入阶段处理好短期利益与中长期利益的关系。在前文已阐述的理论逻辑和观点以及在第四章对中国经济赶超与福利赶超现状及问题分析的基础上，本章试图提出中国中等收入阶段经济赶超与福利赶超的现状、基本方针及财政职能，是重要的过渡章节，将把研究的落脚点放在财税政策的角度上。按照财政“以政控财，以财行政”的本质理解经济、福利与财政的关系，如果用最为简单的话来概括，就是：经济赶超负责做大蛋糕，福利赶超负责给好蛋糕，而财政负责分好蛋糕，按照这样的理解，三者之间的逻辑关系应一目了然。

讨论建立基本方针的总思路是：首先，在把握改革开放以来中国经济与福利发展脉络的基础上，得到中国经济发展的特点，清醒认识到中国经济发展与福利发展的优势与不足；接着，在中等收入阶段经济赶超与福利赶超的理论、逻辑与模型的基础上，得到经济赶超与福利赶超的观点评述，并明确提出本书中等收入阶段经济赶超与福利赶超的观点；最后，将中等收入阶段经济赶超与福利赶超的整体理论与中国的现实相结合，提出对中国中等

收入阶段处理经济赶超与福利赶超问题切实可行的基本方针。中国现阶段经济赶超与福利赶超可谓优势与矛盾并存，可从七大方面综合分析优势所在及矛盾所在，分析中国现阶段赶超现状。在多角度、多行业、多层次现状分析的基础上，落脚点将放在财政角度，为后面几章的论述进行铺垫。本书首先分析了中等收入阶段财政与经济赶超、福利赶超的联系，从逻辑角度进行了分析，摆正了财政在经济赶超与福利赶超中的位置；接着，还分析了财政在赶超进程中体现的职能：财政在赶超进程中体现根本职能在于收入分配职能；具体职能体现在九大方面；而财政实现职能的根本路径是优化收入再分配。

第一节　中国中等收入阶段经济赶超与福利赶超基本方针

本小节的目的在于讨论建立中国中等收入阶段经济赶超与福利赶超的基本方针。首先，关注了改革开放以来中国经济发展阶段，试图总结中国经济与福利及财税体制发展脉络，并在此基础上讨论中国经济发展与福利发展及财税体制的优势与不足；其次，对中等收入阶段经济赶超与福利赶超的理论、逻辑和模型进行了总结，并在此基础上阐述了本书对经济赶超与福利赶超的观点；最后，将中等收入阶段经济赶超与福利赶超的整体理论与中国的现实相结合，提出了对中国中等收入阶段处理经济赶超与福利赶超问题切实可行的基本方针。了解中国经济发展与福利发展的特点，仅仅通过机械的数据分析并不能完全说明问题。虽然在相同或相似的经济发展阶段中，各个经济体可能呈现出某些共性，然而，就中国的现实而言，与西方诸多发达国家在资本主义基本制度下一路走来的市场经济所不同，中国经济经历了从计划经济向社会主义市场经济转轨的历程，并在自身转轨的过程中面临中等收入阶段的过渡问题。因此，要想把握好中国中等收入阶段经济与福利发展的问题，首先要捋清楚中国经济发展脉络并明确中国经济与福利发展的优势与不足，在自身发展的大背景下探寻经济赶超与福利赶超的基本方针。

一、改革开放以来中国经济与福利发展脉络

自1949年新中国成立以来，经济体制首先经历了计划与市场并存向计划经济的转变，接着经历了由计划经济向市场经济转变的螺旋式发展过程。1978年12月，中国共产党召开了十一届三中全会，中心议题是将全党的工作重点转移到社会主义现代化建设上来，实行了改革开放的决策，正式进入由计划经济向社会主体市场经济转变的经济、社会转轨历程。以此作为起点至今，中国经济与福利发展主要经历了两个阶段：第一个阶段是长期量变积累期；第二个阶段是全面建设完善期。

（一）长期量变积累期经济、福利与财政发展

第一阶段的时间可以界定为1978～1992年，是长期量变积累期。

在这一阶段中，中国开始了从计划经济向市场经济转轨的艰难历程。1949年后，中国逐步形成了高度集中的计划经济体制，与之相辅的是高度集中的财政管理体制。此时经济发展的特点是通过行政命令和计划指标来进行资源配置。在高度集中的财政管理体制下，国家财政收入囊括了国企的全额利润、固定资产折旧及特有的税种收入。简言之，就是牺牲一切求发展。这种发展曾经为当时的中国经济带来了发展的动力和空间，但是无疑存在着许多问题，尤其福利发展可谓举步维艰。当时的福利制度可以形象地称之为具有中国特色的“大锅饭”制度，即在初次分配中不论贡献大小、不论行业种类、不论要素归属全部按照计划经济的要求实行低工资制，而再分配中有30%～40%的财政支出投入经济建设，其他财政支出包揽几乎所有社会事业和社会保障。这种中央政府高度集权的计划经济体制以及统收统支的财政管理

体制阻碍了中国经济发展活力，同时，由于经济发展水平的限制，低水平、全覆盖、求均平的“大锅饭”福利制度在当时也为中央财政带来巨大负担，是典型的“勒紧裤腰带搞经济”。

1978 年实行改革开放以来，中国经济转轨开始启动。与东欧各个社会主义国家政治经济制度陡然向西方资本主义制度转变不同，中国经济转轨是一个渐进性的摸索过程，而 1978 ~ 1992 年就是中国经济转轨的一个长期量变积累及试验时期。经济发展方面遵循的方针是“对内搞活经济、对外实行开放”：1979 年，中国设立深圳、珠海、汕头和厦门为经济特区，扩大地方和企业的外贸特权；1982 年，中国确立了家庭联产承包责任制；1984 年，中国提出了有计划的商品经济，树立了建立具有中国特色的、充满生机和活力的社会主义经济体制的基本任务；1986 年，中国启动全民所有制企业改革，允许小企业租赁、承包经营及大中企业责任制和股份制改革；1987 年，中国共产党第十三次代表大会提出了社会主义初级阶段“一个中心、两个基本点”的基本路线，制定了三步走实现现代化的发展战略；1988 年，邓小平提出了“科学技术是第一生产力”的著名论断，指明了经济发展的趋势；1992 年，中国共产党第十四次全国代表大会明确提出建立社会主义市场经济体制的目标模式。在经济搞活、开放以及体制由计划向市场转轨的进程中，中国经济得到了飞跃式发展。

与此同时，随着财政体制的改革，福利制度也发生了巨大转变。1978 年年底，中国对国企试行企业基金、利润留成和盈亏包干办法；1979 年，中国对农垦企业实行财务包干办法而在基本建设单位实行由财政拨款改为贷款；1980 年，中国对省、市、自治区实行“分灶吃饭”的财政体制——“划分收支，分级包干”，在少数城市和企业开设“利改税”的试点。其中，“分灶吃饭”的财政体制是改革的核心，这项改革打破了吃大锅饭的局面，并调整了财力分配的方式。与财政体制改革相辅的福利分配制度首先在1978年从平均主义分配方式逐步转变为“多劳多得”的分配方式，调动生产经营积极性。接着，于1984年财政体制改革确立企业地位的进程中，逐步贯彻按劳分配的原则，区别共同富裕与同步富裕——企业职工奖金由企业根据经营状况自行决定；企业职工的工资和奖金同企业经济效益挂钩；扩大企业内部工资差距，充分体现多劳多得、少劳少得；国家机关、事业单位实行工资改革，与责任和劳绩挂钩。1987年，经济制度的变化，中国共产党在分配制度方面明确提出“以按劳分配为主体、其他分配方式为补充”的分配制度，在宏观上提出“两个不超过”来保证国民经济中生产和分配的良性关系：保证社会消费基金的增长率不超过可分配的国民收入的增长率，保证职工平均工资奖金的增长率不超过劳动生产率的增长率。

（二）全面建设完善期经济、福利与财政发展

第二阶段的时间可以界定为1992年至今，是全面建设完善期。

1992年10月，中国共产党第十四次代表大会确立了建立社会主义市场经济体制的改革目标模式，这代表着在经历了长期量变积累期的试验后，中国渐进性的经济转轨取得了阶段性的胜利，胜利的果实是具有中国特色的社会主义市场经济体制，标志着由计划为资源配置的基础转为以市场为资源配置的基础。从经济战略上来看，是三步走战略的重要阶段，也这是经济重大转轨阶段。1987年10月，中国共产党十三大提出了中国经济建设总体战略部署，即有名的“三步走”战略，第一步目标在1981～1990年实现国民生产总值比1980年翻一番并解决温饱已圆满完成，第二步目标是从1991年到20世纪末国民生产总值增长1倍并达到小康，第三步目标是到21世纪中叶人民生活比较富裕并基本实现现代化，人均国民生产总值达到中等发达国家水平。这是一个清晰的经济赶超战略，是中国现阶段经济仍处于其中的中长期战略。按照“三步走”战略的要求，从1992年确立市场经

济体制后，中国经济进入飞速发展时期（见表 6-1）。1992 年至今，是中国经济重要的转轨阶段，也是秉承经济赶超战略高速发展的阶段，随着市场经济体制的建立，中国经济经历了高速增长期和结构转型期。1992～2006 年，是中国经济的高速增长期，从表 6-1 中可以看出，这段时间内，除 1998 年亚洲金融危机前后 GDP 增长率较低以外，经济均保持了高速增长；2006 年以后，中国经济进入结构转型时期。

表 6-1　　1989～2011 年中国 GDP 变化表

年份＼指标	GDP（亿元）	GDP 增长率（%）	人均 GDP（元）
1978	3645.2		
1989	16 992.3	4.1	1519
1990	18 667.8	3.8	1644
1991	21 781.5	9.2	1893
1992	26 923.5	14.2	2311
1993	35 333.9	14.0	2998
1994	48 197.9	13.1	4044
1995	60 793.7	10.9	5046
1996	71 176.6	10.0	5846
1997	78 973.0	9.3	6420
1998	84 402.3	7.8	6796
1999	89 677.1	7.6	7159
2000	99 214.6	8.4	7858
2001	109 655.2	8.3	8622
2002	120 332.7	9.1	9398
2003	135 822.8	10.0	10 542
2004	159 878.3	10.1	12 336
2005	184 937.4	11.3	14 185

续表

指标 年份	GDP（亿元）	GDP 增长率（%）	人均 GDP（元）
2006	216 314.4	12.7	16 500
2007	265 810.3	14.2	20 169
2008	314 045.4	9.6	23 708
2009	340 506.9	9.1	25 575
2010	397 983.0	10.3	29 992

数据来源：《中国统计年鉴（1988）》、《中国统计年鉴（2011）》，国家统计局官方网站。

福利与社会保障方面主要进行了以下改革：第一，1991 年，发布了《关于企业职工养老保险制度改革的决定》。筹资方面，规定社会养老保险费用由国家、企业和职工三方共同筹资，职工个人按照其工资 3% 的水平缴纳养老保险费。制度方面，探索建立国家基本养老保险、企业补充养老保险和个人储蓄性养老保险相结合的多层次养老保险体系，即第一层为基本社会养老保险，第二层为用人单位自行其力举办的企业补充养老保险，第三层为个人根据其经济能力和需求自助进行的养老保险。目的在于为国家经济减轻负担，从而能够在保存劳动力的基础上集中优势资金促进经济发展。第二，1993 年，决定实行社会统筹和个人账户相结合的社会保险制度。这项改革中有两大亮点：首先，实行社会统筹和个人账户相结合的首创模式；其次，是实行社会保障行政管理和社会保险基金经营的分开，确保社会保险基金的保值增值。第三，1995 年，发布了《关于深化企业职工养老保险制度改革的通知》。确定了继续深化“统账结合”的改革方向。第四，1997 年，发布了《关于建立统一的企业职工基本养老保险制度的决定》。一是按照职工工资的 11% 建立养老保险个人账户，个人缴纳 8% 而企业缴纳 3%；二是企业缴纳不能高于其工资总额的 20%；三是决定由地方社会保险机构管理其中 11 个行业；四是确立推行基本养老保险基金省级调剂金制度。第五，从2000年以后，开始在全国进行试点改革。2000年开始，从辽宁、吉林和黑龙江东三省开始，至2006年，已发展到全国11个省试点。第六，2006年明确提出到2020年要建立覆盖全民的社会保障体系，2007年继续提出加快建立覆盖城乡居民的社会保障体系。

财政方面于1994年开始实行分税制财政体制改革，从行政性分权逐步转向经济型分权。主要改革措施有：划分中央财政与地方财政税收、划分中央财政与地方财政支出、确定中央财政对地方税收返还额。相关配套改革措施有：改革国有企业利润分配制度、改革税收管理体制、改进预算编制办法并硬化预算约束、建立国库体系和转移支付制度、改革减免税政策。

（三）中国经济与福利发展的优势与问题简析

通过以上对改革开放以来中国经济与福利发展脉络的梳理，可以总结出中国经济和福利发展的优势与问题。经济发展优势主要表现在两个方面：第一，虽然起点低、底子薄，但是中国经济在迈向市场经济体制的进程中展示出了巨大的发展动力，发展空间非常大；第二，改革开放以来，始终贯彻“一个中心，两个基本点”的基本路线，经济上始终保持贯彻经济赶超战略，发展体系非常连贯、一脉相承，为经济发展指明了方向、铺平了道路。福利发展优势主要表现在一个突出方面：即无论是计划经济体制下、计划经济向市场经济过渡的进程中、或是社会主义市场经济体制最终确立以来，中国福利水平始终是稳步提高的，始终保持着节约各项资源集中发展经济的方向，使经济始终保持平稳且高速增长，具有良性的原动力。

然而，中国经济与福利发展也存在着许多问题，小问题分类太过繁多，本书试图在下文中论述几个主要方面，在此就简要从宏观上阐述最为突出的问题。经济发展上，虽然通过经济体制改革搞活了经济，经济保持高速增长，但是发展的基本上是资源密集型和劳动力密集型产业，产能落后、污染严重、劳动生产力低，过于消耗本国各项资源，将损害经济可持续发展，伴随对出口依赖十分严重，经济独立性有欠缺。随着全面科学可持续发展理念的提出，经济进入结构转型期，拉开了中国经济转型时期的新阶段，在这个阶段中，如何贯彻经济赶超战略，更能够切实有效地成功转型来保证科学可持续发展，是中国经济赶超过程中最为重要的课题，经济转型的过程中，除以市场为资源配置基础的市场机制外，还需要政府的宏观调控，最为重要的经济手段就是财政政策和货币政策。福利发展方面，两大问题最为突出：表层的问题是社会福利覆盖面不够广，福利水平很有限，尤其是福利给蛋糕的机制相对于经济发展而言还十分落后，两者的不匹配造成一定扭曲，导致福利分配存在问题；这种情况产生更深层次的源头是财政分蛋糕的问题，收入分配是财政最为重要的职能，社会福利只负责将到手的蛋糕分出去，究其覆盖面的广度和深度，与其分配的方法有一定关系，但更为重要的是手中的蛋糕够不够分，而手中蛋糕的大小，取决于财政对其的分配方法，即财税体制和政策。虽然随着 1992 年社会主义市场经济体制的建立，财税体制于 1994 年建立了以分税制为基础的分级分税财政体制，但是体制中的诸多不畅通引发了多种不良反应，影响了与市场相辅相成的以公平为目标的财政收入分配。

二、中等收入阶段经济赶超与福利赶超观点评述

前几章对中等收入阶段经济赶超与福利赶超理论、逻辑与模型进行了详细阐述，为了与中国国情相结合，本小节需要在之前详细论述的基础上升华结论，提炼最为有用的理论、逻辑和模型分析结果。

（一）中等收入阶段经济赶超与福利赶超理论、逻辑和模型结论小结

中等收入阶段经济赶超是现阶段经济增长路径中的必经阶

段，这一阶段的特殊性在于：一方面具有规模性收益递增的特性及多项增长空间；另一方面经济发展面临转轨：经济规模性发展将逐渐饱和，边际效用递减效应开始发力。国际上有平稳渡过和成功跨越中等收入经济赶超阶段的，也有在这个阶段失败而落入“中等收入陷阱”的，而中国正处于中等收入经济赶超阶段，更应当关注这一经济发展时期的战略问题。

拉美国家是落入“中等收入陷阱”的典型，本书认为民粹主义基础上的福利赶超是造成“拉美化”问题的最主要原因。逻辑起点是社会收入差距扩大，其本质是在拉美经济处于中等收入经济赶超阶段时没有继续实行经济赶超，而是转向福利赶超，逻辑路径为：宏观政策初战告捷—经济增长遇到瓶颈—经济发展全面短缺—民粹主义政府破产。

本书提出了福利赶超指数：福利赶超指数 = α（α_1 非正规部门就业率 + α_2 结构性失业率 + α_3 基尼系数）+ β（β_1 财政收入占 GDP 的比重 + β_2 财政预算赤字占 GDP 的比重 + β_3 财政社会性支出占 GDP 的比重 − β_4GDP 增长率），其有用值主要有三种：教训值、经验值及防范值。本书通过简单测算和回归分析计算了以拉美为典型的教训值、以亚洲四小龙为典型的经验值，在这期间的可以成为防范值。本书按照人均 GDP 水平对中国的不同行政省进行了划分，并测算了其福利赶超指数。

（二）对中等收入阶段经济赶超与福利赶超的观点小结

中等收入阶段是某一经济体容易进入两级划分的重要过渡阶段，并以拉美国家落入中等收入陷阱为负面典型，分析了“拉美化”问题。认为中等收入阶段拉美经济体没有继续进行赶超，以社会收入差距扩大为逻辑起点转而盲目发展民粹主义基础上的福利赶超，从而拖垮宏观经济，导致经济一蹶不振，进而将经济拖入了“中等收入陷阱”。这种现象抽象为福利赶超指数，就形成福利赶超指数教训值，简言之，这是从理论、逻辑和模型分析方面为中国经济在中等收入阶段的发展提供可供参考的数值。然而，这种仅从理论、逻辑和模型方面的分析是机械化的，忽略了中国经济发展的历程和背景，其本身具有一定程度的研究价值和借鉴意义，但是应当与中国经济的具体发展相结合，才能够形成切实可行的基本方针。

三、中等收入阶段经济赶超与福利赶超基本方针

中等收入阶段经济赶超是现阶段经济增长路径中的必经阶段，这一阶段的特殊性在于：一方面具有规模性收益递增的特性及多项增长空间；另一方面经济发展面临转轨：经济规模性发展将逐渐饱和，边际效用递减效应开始发力。对于中国经济而言，一直秉承一脉相承的经济赶超战略，随着全面科学可持续发展理念的提出，经济进入结构转型期，拉开了中国经济转型时期的新阶段，按照理论研究的结论，中国经济应当追求真正的内在可持续发展机制，继续保持经济赶超战略下的经济增长和发展。由拉美国家的教训及模型分析可见，民粹主义基础上的福利赶超是现阶段中国福利发展中应当规避的福利赶超模式。拉美化的逻辑起点是社会收入差距扩大，而这一现象在现阶段的中国也逐步显现。中国现阶段面临表层福利结构和体制没有完全理顺，深层财税政策和体制也在改革的进程中，应通过财税体制改革注重更好地发挥收入分配的作用，力求在稳步提高福利水平的基础上，合理缩小社会收入差距，把握好福利赶超的“度”。

综上所述，中国中等收入阶段经济赶超与福利赶超的基本方针可以总结为四个字：瞻前顾后。所谓“瞻前”，意在追求经济内在科学可持续增长机制，继续贯彻经济赶超战略；所谓“顾后”，意在深化财税体制改革和财税政策转型，大力改进民生，提供更多福利，但要考虑短期利益和中长期的合理衔接、权衡。

第二节　当前中国经济赶超与福利赶超优势与矛盾并存

一、经济增长稳推进，资源环境约束强

现阶段中国经济的优势非常明显，从1992年建立社会主义市场经济体制以来，经济始终保持高速增长，平均增长率一度达到10%甚至以上。虽然其间经历了1998年亚洲金融危机，但是中国经济作为新兴经济体的主要组成部分，依然保持稳定增长的势头，成为世界经济增长的动力来源。在经历由美国次贷危机引发的全球性金融危机后，全球经济步入后危机时代。紧随其后，欧债危机大规模爆发并不断加剧，对美国和新兴经济体造成了严重影响，一度将世界经济推向衰退边缘。作为新兴经济体的中国，由于在经济发展中一直保持着良好的积累，加之没有与欧美深层次多级金融资本市场交叉，因此并没有受到致死性打击，经济增长一直驳斥稳步推进，并抓住世界经济发展趋势调整内部经济结构，不断增强经济发展的稳定性。

然而，20世纪90年代中国经济的高速增长以发展劳动密集型和资源密集型产业为主，一度成为“世界工厂”，站在产业价值链的最底端：获取最低的劳动力雇佣薪酬、花费最长的时间和最多的资源、付出最多的环境代价。这是发展中国家经济起步的必经阶段，但也是短期阶段。从长期来看，应当注意经济发展与资源环境相协调，注重合理有度地利用不可再生资源、有意识地储备必须使用的不可再生资源并发挥可发挥的力量开发可再生资源。其中，合理有度地利用不可再生资源和开发可再生资源是已经在做的事情，虽然在探索的过程中，但是已经在节能降耗、节能减排、开发新能源方面做出了可喜成绩，需要在经济赶超过程中继续保持。特别需要注意的是有意识地储备必须使用的不可再生资源，最为典型的例子是石油。作为以第二产业为经济增长支柱的新兴经济体，石油是经济增长最为依赖的基础能源。受到中

国本土石油资源数量与质量的制约，中国石油进口一直保持在45%左右，主要石油进口来源国有：沙特、安哥拉、伊朗、俄罗斯、苏丹、阿曼、伊拉克、科威特、利比亚和哈萨克斯坦等国。而从现阶段国际形势来看，地缘政治波澜四起：欧美发达国家单方面封锁伊朗原油出口，伊朗核武器实验挑战全球安全；中东地区政变硝烟弥漫，直接影响了沙特、利比亚等国的能源出口；伊拉克、科威特地区战火连年不断，局势动荡时有发生。由此可见，中国应尽快建立自己的能源储备体系，为了经济能够持续、稳定、快速增长，必须首先为能源可持续发展打下坚实的基础。

二、投资拉动为主力，内需消费稍不足

自改革开放以来，中国得到了搞活和发展，尤其是社会主义市场经济体制建立以来，中国经济迅猛增长势头的背后是“三驾马车”的积极作用：出口一直是中国经济增长的主要原动力之一，尤其在1998年亚洲金融危机之前，中国作为“世界工厂”一度成为标志性经济发展模式，made in China享誉全球；进入新千年后，中国经济开始试图摆脱对出口的依赖性，转向国内经济的发展，增强经济增长内部动力，投资是中国国内经济增长的最主要拉动力，其中有政府投资、外商独资、中外合资和民营及个人投资等，为中国经济带来短、强、快的增长效力；国内消费也是经济增长非常重要的组成部分，但是与出口和投资相比，这部分显然薄弱。尤其是2008年全球金融危机以及2009年全面爆发的欧债危机不断加剧以来，出口对中国经济的推动作用已经基本消失甚至逆转，投资开始发挥最大效力拉动中国经济增长。以2011年为例，投资对中国经济增长的贡献率为54.2%，消费的贡献率为51.6%，而净出口的贡献率为-5.8%。

在世界经济处于危机之中，出口长期面临低靡的情况下，投资拉动对经济增长的效力是显而易见的。然而，投资拉动对经济

增长而言却又是最为短期的和不稳定的：第一，所谓短期，是指投资拉动只能直接投入资金来直接增加经济活力，推动产业链发展，进而产生效益，并利用投入资金的乘数效应起到拉动经济的连锁效应；而从以市场作为资源配置基础的角度上来讲，投资拉动是从单方面拉动供给以及中间产品的消费，而并不能够达到刺激最终消费的目的，加之中国投资拉动中很重要的组成部分是政府投资，目标是大型基础设施的建设，能够保持经济增长、增加就业、保持社会稳定，但并不能够为中国经济产生长期增长动力。第二，所谓不稳定，实质投资拉动中的其中一部分是中外合资和外商独资，这些投资资本具有一定的流动性；此外，最为重要的是在房地产市场及股票市场等资本市场中，资本运作带有很强的投机性质，投机性资本由国内和国外两大部分组成，来自国外的投机性资本就是所谓的游资，或俗称为热钱，会推高国内资本价格和通胀预期，增加资产泡沫并影响金融稳定性。美国经济在 2011 年严重受到欧债危机的影响，在与欧洲千丝万缕的金融产业脆弱不堪、出口和投资均严重受挫的情况下，仍在最后一个季度发力增长，就是依靠内需型经济发力而实现。因此，投资虽然是一剂快药，但不能长期依赖，应当调动多方手段扩大内需，由出口型、投资型经济转向内需型经济，依靠市场供求双方良性互动来增强经济发展的内在动力。

三、改善民生已先行，福利覆盖不广泛

着力保障和改善民生已经在逐步实施，这是顺应民意、提高人民生活水平的体现，也是加快转变经济增长方式、调整经济结构的要求。加快转变经济增长方式，简单来讲，就是指由原来的出口型、投资性经济转向发展内需型经济，增强经济内生增长动力，而中国消费者偏好是增加储蓄而不是适时消费，其中很重要的原因是福利体系一直以来非常不完善，劳动者必须考虑为养老、失业、医疗等福利项目自筹款项，以备不时之需，加之中国

是农业大国，人口比例中农民占一半以上，而农村的福利体系十分落后、水平很低，这也是内需不足的一个重要方面。现阶段，中国保障和改善民生已经取得了初步成效，采取了很多切实有效的措施：开展扶贫工作；提高就业水平；启动百姓安居工程；大力发展社会救助；推行新型农村合作医疗和农村养老保险制度；大力发展教育等，力求提高福利水平，为消费者解决后顾之忧，达到扩大内需的目标。然而，在改善民生的过程中，应当把握福利水平的提高方向，不是盲目地一味提高某一项或几项、某一个区域或几个区域的福利水平，也不是盲目地以为提高所有福利水平，而应当有步骤、有目的地提高福利的覆盖面，首先完善福利体制，然后考虑逐步提高福利水平。现阶段，中国福利方面的突出问题是覆盖面不够广泛，从经济发展角度分析造成这种情况的原因主要有两个：一是中国经济发展的历史原因，即财政从1994年建立分级分税财政体制开始，才切实履行收入分配的职能，而此前的收入分配体制存在很大的问题，面临改革，加之由于一直以来大力发展经济，福利体系发展非常缓慢，而且无论是体制、管理水平还是资金运用水平都十分有限；二是中国作为发展中经济体城乡发展不平衡，城乡二元结构是发展中国家向发达国家过渡进程中的产物，随着中国进入中等收入阶段，城乡发展不平衡的问题更加凸显，城镇福利水平和覆盖程度与乡村福利水平和覆盖程度始终扭曲，加之随着城乡一体化进程的深入，乡村表现出巨大的消费潜力，对发展内需型经济起到很大作用，其福利体系也亟待改进。

四、城乡发展不协调，区域发展不平衡

如上文所述，城乡二元结构是发展中国家向发达国家过渡进程中的产物，而城乡发展不协调的问题也会在中等收入阶段更加凸显，是中国在中等收入阶段进行经济赶超过程中需要注意的问题。城乡发展不平衡的主要表现是：第一，城乡居民收入差距较

大。自1978年改革以来，中国城乡居民收入的差距始终较大，虽然中间有过缩小的经历，但是近年来又呈现扩大的趋势，城镇居民收入是乡村居民收入的3倍甚至更多。第二，城乡居民消费差距较大。消费环境迥异，城镇消费品质量要远远好于乡村，同类消费品在乡村往往加上运费、垄断、行业不发达等因素反而高于城镇，城镇在消费总量和水平方面可相当于乡镇居民消费水平的10倍甚至更多。第三，城乡福利差距较大。从教育方面看，城镇学历程度要高于乡村学历程度，即使在九年义务教育阶段，农村的教师、教学质量也与城镇有很大差距。从医疗方面看，新型农村合作医疗已经全面落实并继续发展，但此前医疗方面基本靠农民自费解决，即使如此，由于医生短缺、医疗机构条件差等诸多因素的影响，新兴农村合作医疗下乡村居民的医疗保障与城镇相比仍然非常落后。

由于在发展传统工业时能源和资源分布不平衡、进出口贸易以及历史原因等中国经济虽总体增长稳定，但区域之间发展差异性很大，极不平衡。现阶段的主要表现是：第一，沿海与内地经济发展不协调。东南沿海与西北内陆地区产业结构差异很大，由于开放时间的不同，经济发展水平也具有很大差异。第二，东部、中部、西部经济发展差距大。著名人口地理学家胡焕庸教授提出的分割线——“黑龙江瑷珲县—云南腾冲县”——将中国分为东南、西北两个部分，西北部分面积占49.2%而人口却只有3.7%，东南部分面积占50.8%而人口却占到96.3%，西部十分贫困而东部十分富裕。2000年，中国成立了西部地区开发领导小组，正式开始贯彻落实西部大开发战略，协调东西部发展。虽然近年来西部得到了大力支持，但由于落后时间长、产业链不完善、交通不便利、人才短缺等问题，西部与中东部的差距依然很大。第三，不同行政省之间经济发展的差距很大。由表6-2所总结的截至2012年2月各省市地区生产总值可以看出，最富裕的是最先得到开放的沿海省广东，而排在后几位的基本是西部省以及西北部省，抛开占地面积的大小不谈，从行政省角度上来讲，也能够看出中国地区经济发展非常不平衡。

表 6-2　　2011 年全国各省市地区生产总值表　　单位：亿元

排位	行政省	地区生产总值
1	广东省	53 000
2	江苏省	48 000
3	山东省	45 000
4	浙江省	32 000
5	河南省	27 000
6	河北省	24 000
7	辽宁省	22 000
8	四川省	21 000
9	湖南省	19 600
10	湖北省	19 500
11	上海市	19 100
12	福建省	17 500
13	北京市	16 000
14	安徽省	15 000
15	内蒙古自治区	14 000
16	陕西省	12 300
17	黑龙江省	12 000
18	广西壮族自治区	11 700
19	江西省	11 500
20	天津市	11 100
21	山西省	11 000
22	吉林省	10 400
23	重庆市	10 000

续表

排位	行政省	地区生产总值
24	云南省	8700
25	新疆维吾尔自治区	6500
26	贵州省	5600
27	甘肃省	5000
28	海南省	2500
29	宁夏回族自治区	2000
30	青海省	1600
31	西藏自治区	600

数据来源：国家统计局网站；截至2012年2月，数值为约算。

五、产业结构不合理，市场需求潜力大

由于市场经济制度建立的相对较晚，中国经济能够取得现在的成绩是靠经济高速发展而来，是经济赶超战略指导下各项措施共同发力的结果，因此市场开发程度尚浅。由于人口压力大、耕地面积有限等因素制约，我国农业基础仍然薄弱。虽然第三产业占GDP的比重近年来不断攀升，但现阶段我国仍然是以工业为主导的第二产业来增长经济。产业结构不合理的主要表现在三个方面的扭曲：第一，生产供给结构与国际国内市场需求的扭曲。中国经济目前正处于转型阶段，大多数为转型成功的企业都存在结构性、地区性产能过剩的问题。按照世界银行对三大产业14%、35%和51%的标准，中国三大产业结构仍然存在扭曲（见表6－3）。第二，产业组织结构与规模经济的扭曲。中国各类产业都以分散为特征，集中度较低，很难在某一个行业形成产业集群，发挥规模经济的效应：一是表现在同行业企业在不同区域分散；二是表现同行业企业在同区域小规模成群出现。此外，很多企业甚至求全、求通而不是求

精、求专，浪费了人力资源和资金资本的集中优势。第三，产业技术结构与适应市场的扭曲。中国产业技术升级时间长、效率低的主要原因是这一行为没有纳入市场体制，而是长期依靠政府拨款进行，缺少市场各方机制的激励和约束。而中国产业技术的研发很少来自于相关企业，这种情况严重影响了科技自主创新的贯彻落实。

表 6-3　2001～2010 年三大产业 GDP 贡献率　单位：%

年份	第一产业	第二产业	第二产业：工业	第三产业
2001	5.08	46.70	42.15	48.22
2002	4.57	49.66	44.45	45.68
2003	3.36	58.51	51.91	38.13
2004	7.85	52.23	47.74	40.00
2005	5.60	51.10	43.40	43.30
2006	4.80	50.00	42.40	45.20
2007	3.00	50.70	44.00	46.30
2008	5.70	49.30	43.40	45.00
2009	4.50	51.90	40.00	43.60
2010	3.90	57.60	49.20	38.50

数据来源：wind 咨询。

六、收入分配差距大，物价上涨压力大

中国收入分配差距表现在很多方面，如前文所述，“拉美化”的逻辑起点就是源自收入差距过大，而后引发了民粹主义基础上的福利赶超，因此这是一个处于中等收入发展阶段的经济体特别需要注意的问题。中国收入分配差距主要表现在：行业收入差距较大，垄断行业劳动力收入过高；地区收入差距大，根源在于区域经济发展不协调；城乡收入差距大，根源在

与城乡经济发展不平衡；企业内部收入差距大，企业内部不同层级收入迥异，高管与普通职工薪酬差距巨大；福利津贴差距大，福利津贴是隐性收入差距主要表现形式，例如教育、医疗、文化的差异，如果福利上有差别，就意味着要用钱去弥补差距，也在很大程度上造成收入差距过大。以上是一直以来大家所承认的收入差距表现，尤其有一项是在中等收入阶段中国经济发展进程中有所表现并逐步发展的因素，即资本性因素。以房产为例，在20世纪90年代，房产之间的差异并不大，房地产市场暂时处于半开放状态，商品房数量很少，而单位福利分房、集资盖房或卖房的现象很多；而随着经济发展，房地产市场逐步发展壮大，在90年代末期将储蓄转为房产的人与仍把钱留为储蓄的人之间，资本性收入差距巨大。房产只是一例，此外，还有公司债券、股票、老旧房拆迁等诸多因素导致资本性收入差距巨大。

在收入分配差距扩大的基础上，中国经济赶超过程中还面临物价上涨的压力，2011年，中国居民消费价格总水平比上年度上涨5.4%，高出了原来4%的预期。（见表6－4）导致这种结果的原因具有综合性：来自国外的压力，全球经济经历了2008年全球性金融危机之后，又经历了欧债危机的爆发和加剧，发达国家推出了一系列量化宽松货币政策（QE1和QE2）是全球流动性充裕，加之世界经济动荡使游资有机可乘，大量涌入新兴经济体国家，加大了通胀压力、推高了大宗商品价格；来自国内的压力主要源于国内抵御国际金融危机和欧债危机的过程中采取了宽松的货币政策，增加了流动性，推高了国内产品价格。这是具有广泛意义的原因所在。此外，CPI增长份额中，农产品价格上涨占了很大因素，主要原因是地理因素等制约导致的结构性上涨。

表 6-4　　2011 年 CPI 水平表　　单位:%

2011 年	同比增长	环比增长
1 月	4.9	1.0
2 月	4.9	1.2
3 月	5.4	-0.2
4 月	5.3	0.1
5 月	5.5	0.1
6 月	6.4	0.3
7 月	6.5	0.5
8 月	6.2	0.3
9 月	6.1	0.5
10 月	5.5	0.1
11 月	4.2	-0.2
12 月	4.1	0.3

数据来源：国家统计局网站。

七、科技水平有提升，创新能力仍薄弱

马克思曾指出“科学技术是生产力”。1988 年，邓小平提出了“科学技术是第一生产力”的论断。科学技术对于中等收入阶段经济体的发展而言尤为重要，随着中国经济步入由中等收入向高收入发展的阶段，面临经济转轨时期的重要结构阶段，科技发挥经济增长动力的效果将越发明显。在中等收入阶段的发展中，以美国为典型的发达国家虽然面临内忧外患的矛盾导致国内经济一度低迷，在中等收入陷阱边缘徘徊，但是最终仍然依靠强劲的创新能力和直接转化为生产力的科学技术的直接推动为经济增长带来源源不断的动力，最终助推美国跨越中等收入陷阱。中国经济现阶段转变经济发展方式的最根本动力在于大力发展科学技术，真正提高本国经济的竞争力。在科技转化为生产力这一方

面，中国经济已经由原来的单纯依靠出卖劳动力、出卖资源来实现经济增长的方式逐步转向高水平产业。科技创新的内涵不仅仅是指能够直接转化为生产力的技术创新，还包括知识创新和管理创新。几年来，中国已经开始着手建立科技创新体系，试图将科技创新发展为一项具有自更新、自发展的系统工程，为经济发展带来源源不断的动力。然而，不得不承认，现阶段中国企业创新能力依然薄弱，科技研发主要依靠政府投资，而缺乏以市场为基础的激励机制和约束机制。尤其世界经济范畴内的核心科技，中国自主研发的成果、能力和水平还有很大欠缺。中国作为发展中国家在科技发展中具有很大的后发优势：一是充分利用这种优势去引入、购买国外的先进技术和生产力、引入高精尖人才，提高本国经济的竞争力；二是注重跟随发达国家科技发展的趋势，并在此基础上进行自主研发，把握住既定方向和利用好高平台。

第三节　财政与经济赶超和福利赶超的逻辑关系及职能

在“瞻前顾后”四字方针的指导下，可试图建立中国中等收入阶段经济赶超与福利赶超总体框架。该框架以中等收入阶段经济赶超与福利赶超的理论、逻辑和模型分析为基础，以中国经济、福利及财政体制的发展为依托，按照中国在中等收入阶段贯彻经济赶超与福利赶超“瞻前顾后”的方针进行建立，试图在总体框架囊括中等收入阶段中国经济和福利面临的最重要问题，作为基本方针贯彻实施的实际操作层面。如上所述，现阶段中国经济赶超与福利赶超面临许多问题，这些涉及广泛的领域，具有普遍的联系性和矛盾性。本书的落脚点是财税体制和政策与中国中等收入阶段经济赶超与福利赶超，因为财政以其“以政控财、以财行政”的本质，在能够从自己的角度很好地贯彻“瞻前顾后”的四字方针，有针对性地帮助解决以上论述的问题。因此，本书试图从财税体制和政策的角度建立中国中等收入阶段发展经济赶超与福利赶超的总体框架，并在随后章节中对此总体框架下具体的财政体制改革措施和具体财税政策进行阐述。从目前情况来看，以财政为切入点的中国中等收入阶段经济赶超与福利赶超总体框架主要应该包括以下几个方面：一是确定中等收入阶段财政与经济赶超、福利赶超的联系；二是定位财政在经济赶超与福利赶超过程中的职能。

一、中等收入阶段财政与经济赶超、福利赶超中的逻辑关系

按照财政“以政控财、以财行政”的本质，在经济赶超与福利赶超进程中，经济赶超负责做大蛋糕，福利赶超负责给好蛋糕，而财政负责分好蛋糕，由此可见，财税政策和体制是经济赶超与福利赶超最为重要的纽带和保障。具体来讲，三者的联系可以拆分为三个主要方面来分析：一是财政与经济赶超的联系；二是财政与福利赶超的联系；三是财政与经济赶超、福利赶超之间的联系。

按照本书的逻辑，财政与经济赶超的联系可以简单表示为：经济赶超负责做大蛋糕，财政负责分好蛋糕。首先，抛开中等收入阶段不谈，财政与经济赶超的关系可以抽象为财政与经济发展的关系，可以继续抽象为政府与市场的关系。计划经济与市场经济的根本区别在于资源配置的基础不同，市场经济就是以市场为资源配置基础的经济发展模式。市场按照供求关系自行配置资源，“看不见的手”推动经济发展，但是其内在机制中存在市场失灵。市场失灵主要包括：垄断、信息问题、外部效应、收入分配不公以及无法解决经济波动等几个方面。主要由于规模收益递增和成本递减自然形成的垄断效应，由于信息不充分和不对称而造成价格扭曲及资源扭曲的信息问题，以很难排除他人且又难计算平均成本的公共品为典型案例的外部效应，以及只注重效率而无法保证公平的市场内在机制的存在，严重影响着市场机制发挥

效率。此时，需要政府宏观调控这只“看得见的手”来进行干预，帮助市场机制重新发挥效率。政府的干预手段主要有三种，即立法和行政手段、组织提供公共品和财政手段。至此，关于政府与市场关系的简要论述，从基本理论上揭示了财政与经济赶超的关系。

其次，重新着眼中等收入阶段的经济发展：一方面，这一阶段具有规模性收益递增的特性，加之存在技术赶超、人口红利、资源加工与开采和制度优化等增长空间，经济增长机会多、速率高；另一方面，随着经济赶超进程的推进，经济发展将逐步进入转轨阶段：经济规模性发展将逐渐饱和，边际效用递减效应开始发力，与此同时，原有增长空间也将逐步缩小，例如，人口红利消失、资源制约及资源与环境矛盾凸显、制度选择及理顺亟待落实、技术学习转为自行研发等。加之经多个经济体的发展实践和世界多方研究证实，对于发展中经济体来说，使各经济体赖以从低收入经济体成长为中等收入经济体的战略，对于它们向高收入经济体攀升是不能够重复使用的，进一步的经济增长被原有的增长机制锁定，人均国民收入难以突破 10 000 美元的上限，一国很容易进入经济增长阶段的停滞徘徊期，这种所谓的停滞徘徊期，就是中等收入陷阱。从以上分析不难看出，处于中等收入阶段的经济体进行经济赶超一方面面临多重压力和挑战；另一方面没有可以复制的既定成功发展战略，在以市场为资源配置基础的市场经济注重效率的经济增长机制下，不仅仅需要财政手段纠正市场失灵，还需要利用财政手段贯彻落实经济发展战略，从长期、宏观的角度为市场经济的发展指明方向以及切实调控其发展方向，并有力调控在赶超战略的实施过程中面临的阻碍经济增长的多方因素。对中国中等收入阶段经济发展而言，本书的观点是继续秉承一脉相承的赶超战略，特别要注重发挥财政的作用。

财政与福利赶超的联系可以简单地表示为：财政负责切好蛋糕，福利负责发好蛋糕。相比财政与经济赶超的关系而言，财政与福利赶超的关系更为直接。首先，从基础理论上来讲，财政的本质是“以政控财、以财行政”，福利可以认为是财政发挥收入分配职能的执行系统。从逻辑上来讲，财政在以政控财的过程中，通过行政手段确定福利所能够持有的蛋糕大小，福利体系就手中的蛋糕进行分配；财政在以财行政的过程中，通过转移支付、财政补贴等方式达到特定的行政目的，而福利系统也可以是行政职责的侧重点之一。其次，从中等收入阶段的发展来看，社会对福利的要求会随经济发展而不断提高，对于伴随经济赶超而产生的福利赶超，在社会收入差距不断扩大的压力下，财政应当充分发挥职能，分好蛋糕。由于中等收入阶段社会对福利的敏感性，福利体制也需要继续深化改革，保证到手的蛋糕确实分好。

财政与经济赶超和福利赶超的三者关系，除前文中的简单论述外，本书更加强调的是“度”的问题：第一，从根本上来讲，财政应把握好福利赶超的“度”，始终服务于经济赶超。根据“拉美化”的经验，民粹主义基础上的福利赶超最终将会使经济增长停滞甚至出现倒退，落入中等收入陷阱。而民粹主义基础上的福利赶超综合特点就是盲目赶超西方发达经济体的刚性福利体制，导致福利赶超过快、过猛，进而拖垮了整个宏观经济，致使经济一蹶不振。其中，最为突出的表现就是每年拉美各国财政都将大多数财政收入甚至不惜无限制扩大赤字进行社会性支出，福利赶超过度，从而导致经济赶超扭曲，落入中等收入陷阱。因此，在中等收入阶段，财政应始终注意把握好福利赶超的“度”，量力而行，始终以社会稳定为前提，始终以经济赶超为目的。第二，从微观上来讲，财政应把握好体制改革的“度”，监督福利发展，落实经济赶超。除了从根本上注意防止民粹主义基础上的福利赶超的出现以外，财政还应当在此基础上把握好体制改革的“度”，保障体制内部通畅，提高资金使用效率，并把握好财政资金的使用方法和方向，使财政手中的钱能够真正发挥效力。第三，从宏观上来讲，财政应把握好政策调控的“度”，把握福利赶超，保障经济赶超。与微观相辅，从宏观上来讲，财政政策应当注意不要“越位”和“缺位”，在把握中等收入阶段经济赶超的大方向下，着力解决经济赶超进程中遇到的、市场机制无法自行解决的各种问题，注重推动福利赶超的进程，同时要把握好福利赶超的“度”。

二、财政在经济赶超与福利赶超中的职能及实现途径

按照前文中对现阶段中国经济赶超与福利赶超存在问题的论述，在财政与两者关系的基础上，本着财政“以政控财、以财行政”的本质，财政所表现出的基本职能是收入分配职能，其他所有具体职能都是财政收入分配职能的体现。现阶段中国财政收入分配职能中的重点是在改进民生的过程中如何优化再分配的问题。在收入分配的基本职能基础上，中等收入阶段财政在经济赶超与福利赶超中的具体职能可以总结为九大方面：大力改善民生、缩小收入差距、协调城乡发展、平衡区域发展、调整产业结构、激励创新能力、促进环境友好、加快产业转型和拉动内需消费。财政履行这些具体职能的实现途径主要有财政体制改革和财税政策调控。需要说明的是，这九大方面综合了多角度、多行业、多层面的各种问题，本书试图论述财政如何从财政体制改革和财税政策调控两大方面实现具体职能，但并不是每个方面都是论述的重点，因为各种职能的实现需要财政政策与行业政策以及产业规划相结合，本书对实现途径的简要论述显然不包括这类内容，仅是为了说明财政体制改革和财税政策调控能够实现这项职能，而在具体工作落实中，细节的体改内容和政策内容与该领域下的各项因素息息相关。

财政实现具体职能的根本途径是优化收入再分配。以大力改善民生为例，“民生工程”是一项系统工程，是政府坚持以人为本、贯彻科学发展观、切实保障公民基本权利、提高公民生活水平、关心弱势群体所采取的一系列积极政策举措。而财政实现大

力改善民生的职能，就要注重利用财政转移性支付侧重基础教育、利用财政补贴等手段完善医疗保障、利用财政资金的乘数效应大力推行保障房建设、利用个税改革等手段改善收入分配制度。而这些具体措施都是殊途同归，无论是财政转移性支付还是财政补贴等手段，根本途径在于财政优化收入再分配。以缩小收入差距为例，拉美经济体落入“中等收入陷阱”的逻辑起点是社会收入差距过大，而采取的是民粹主义基础上的福利赶超的策略。中国现阶段也存在收入差距不断拉大的问题，差距产生的原因在前文中已经详细阐述。市场机制注重的是效率，而无法兼顾公平，财政作为政府调控的手段，具有收入分配的功能，财政可以通过个税改革、开征房产税、开征遗产税、调整资本税率等方式实现缩小收入差距的职能。通过大力改善民生、缩小收入差距等的实现，财政手段能够为公民解决后顾之忧、提高保障水平，从而达到拉动内需消费的目的。当然，除了间接拉动内需，财政还可以通过补贴、税收减免等政策直接刺激消费。通过优化城镇收入和乡村收入再分配，调动发达区域资金补贴落后地区，来实现协调城乡发展、平衡区域发展的职能，财政还能够利用财政政策倾斜来实现激励创新能力、促进环境友好、加快产业转型的职能。在本小节论述的具体职能中，与福利赶超相关的职能基本都是以财政优化收入再分配的途径实现的。

第四节　小　　结

本章首先论述了中国经济赶超与福利赶超基本方针、现状与财政职能。中国经济赶超与福利赶超适用基础理论和国外现实背景反映出的逻辑，但由于中国具有特殊的经济发展历程，所以中国经济赶超与福利赶超应当具有适合自己的基本方针。在论述改革开放以来中国经济与福利发展脉络的基础上，继续分析了经济与福利发展的优势与问题。接着，进行了中等收入阶段经济赶超与福利赶超观点评述，与中国经济发展历程相结合，为基本方针的制定打下基础。中国中等收入阶段经济赶超与福利赶超的基本方针是：瞻前顾后，所谓“瞻前”，意在追求经济内在科学可持续增长机制，继续贯彻经济赶超战略；所谓“顾后”，意在深化财税体制改革和财税政策转型，大力改进民生，提供更多福利，但要考虑短期利益和中长期的合理衔接、权衡。

接着论述了中国赶超现状，认为当前中国经济赶超与福利赶超优势与矛盾并存，主要优势与矛盾具体表现在：经济增长稳推进，资源环境约束强；投资拉动为主力，内需消费稍不足；改善民生已先行，福利覆盖不广泛；城乡发展不协调，区域发展不平衡；产业结构不合理，市场需求潜力大；收入分配差距大，物价上涨压力大；科技水平有提升，创新能力仍薄弱。本书通过逻辑分析和数据分析详细论述了中国赶超现状，主要目的在于赶超过程中的问题，为下文论述财政与经济赶超、福利赶超的联系以及在赶超进程中的职能和实现途径进行铺垫。

最后，论述了财政与经济赶超和福利赶超的联系及职能。按照财政“以政控财，以财行政”的本质，在经济赶超与福利赶超进程中，经济赶超负责做大蛋糕，福利赶超负责给好蛋糕，而财政负责分好蛋糕，财税政策和体制是经济赶超与福利赶超最为重要的纽带和保障。现阶段中国财政收入分配职能中的重点是在改进民生的过程中如何优化再分配的问题，而优化再分配是财政实现其职能的根本途径。本书还会从内在逻辑分析、成就和现状分析以及政策建议的角度论述现阶段财政再分配面临的问题及对策。

第七章

中等收入阶段中国在改进民生中如何优化再分配

第六章分析了中国经济赶超与福利赶超基本方针、现状与财政职能，认为中国应本着“瞻前顾后”的基本方针继续贯彻赶超战略。赶超战略是一个长期过程，中国现阶段在赶超进程中优势与矛盾并存，这些优势与矛盾涉及政治、经济、社会的方方面面，但本书认为现阶段中国赶超进程的问题可以落脚到财政的角度来分析和解决，即财政与赶超战略可作为研究的落脚点之一。本书接着分析了财政与经济赶超和福利赶超之间的逻辑关系及职能，认为财政在经济赶超与福利赶超过程中发挥的主要是收入分配职能，而在贯彻落实经济赶超同时适当有度地进行福利赶超过程中，财政职能实现的途径是优化再分配。本章将就财政如何优化再分配的问题进行讨论。首先需要明确的是，中等收入阶段中国福利赶超的主要内容是大力改进民生，因此首先分析了改进民生和福利赶超的逻辑关系，找出中等收入阶段中国以改进民生为主的福利赶超逻辑起点。接着，在此逻辑起点研究的基础上，试图从基础理论和中国现状两个方面阐述改进民生与收入再分配的逻辑关系，目的在于说明：收入再分配的作用机制和收入再分配在改进民生中的作用。在基础逻辑分析完毕后，分析中等收入阶段影响中国收入分配的因素以及导致的问题，并按照逻辑分析阐述这些因素及问题对改进民生的影响、对福利赶超的影响。最后，在逻辑和已发现问题分析结果的基础上，提出中等收入阶段在改进民生中优化收入再分配的政策建议。

第一节　中国中等收入阶段以改进民生为主的福利赶超逻辑起点

我国实行福利赶超的主要内容是大力改进民生，民生工程所包括的：老有所得、病有所医、学有所教、老有所养、住有所居等几大块内容，正是一套完整社会保障体系的浮现，加之在大力改进民生中落实基本公共服务均等化，在社会保障全覆盖的基础上增加社会公共服务的范畴和水平，整体勾勒出我国福利赶超的主要内容。由于目的在于研究中等收入阶段中国的经济赶超与福利赶超，为了把握福利赶超的程度，将首先找到以改进民生为主的福利赶超逻辑起点，作为下文中分析再分配在改进民生中的作用以及收入分配面临的问题及对策的逻辑基础。本书认为拉美经济体落入中等收入陷阱的主要原因是基于民粹主义基础上的福利赶超最终拖垮了宏观经济所导致，而拉美经济体福利赶超的起点是应对社会收入差距扩大。第一章中将拉美经济发展与中国经济发展进行了对比，两者从多方面表现出同质性，可以断定拉美经济发展的经验和教训值得中国经济发展借鉴和吸取。因此，中国中等收入阶段福利赶超的内在逻辑起点是收入差距扩大，并将在第一部分中分析收入差距扩大的原因，以及中国以收入差距扩大为逻辑起点开始福利赶超的表现。此外，与拉美所不同的是，中国福利赶超不带有任何民粹主义色彩，从现阶段来看，中国福利赶超的直接逻辑起点是经济赶超中扩大内需的要求。本书将在第二部分中分析经济赶超中扩大内需的原因，以及中国已扩大内需为逻辑起点开始福利赶超的表现。

一、内在逻辑起点——收入差距扩大

按照国内外学者的观点，社会福利可以包括社会保障和社会服务，即可以理解为社会福利中有作为基础部分的社会保障和作为提高部分的社会服务。如果按照这样的结论，中国社会福利的发展一步步经历了社会保障制度的建立、完善、覆盖，现阶段正处于社会保障进一步覆盖的末端，以及开始着手社会服务的开端。平稳推进社会保障工作，是福利发展的重要内容，但尚不能达到福利赶超的程度。按照拉美的教训，我们可以认为福利赶超的逻辑起点是收入差距的不断扩大。按照发展经济学的理论，任何经济体在工业化发展阶段都可能面临收入差距扩大的情况，这种收入差距扩大的种类可能有很多，但是根本原因在于：工业在三大产业中占据主导地位，而从事第一产业的农民不能在工业大发展的短时期内迅速转移到工业行业中就业，从事工业与服务业的居民收入要远高于从事农业居民的收入；随着工业不断发展，从事工业与服务业的居民收入不断提高，虽然期间有部分农民转移到工业行业中就业，但短期内大多数农民仍然无法转移，收入很低。

中国现阶段收入分配受到诸多因素的影响，即很难保持在初次分配中注重效率和再分配中注重公平，面临收入差距不断扩大的问题。除以上基础理论中阐述的主要原因外，中国还面临许多来自自身体制的制约：第一，人口基数庞大，农村人口比例高。按照中国第六次全国人口普查的数据，中国总人口总数为13.7亿人，而按照联合国人口基金发布的《2011年世界人口状况报告》，世界人口达到70亿人，至此中国人口占世界人口的比例高达19.6%，要解决世界接近1/5人口的吃饭问题，中国产业结构中始终需要把农业放在第一位，而现阶段与人口基数相比，中国的农业基础依然薄弱，需要继续大力发展农业，即需要留守在农业方面的劳动力。按照中国第六次人口普查的数据，中国城镇人口占比为49.68%而农村人口比例为50.32%，可以看到大基数人口的主要特点是一半以上以农村人口为主。综合以上两个特点，中国在工业化进程中收入差距扩大问题有体制上的弱势。第二，城乡二元结构，单向流动压力大。中国是发展中国家，城乡二元结构是发展中国家的典型体制特点，城镇发展与农村相比教育、医疗、住房、薪酬、消费等各方面条件都更好，人口呈现单方向流动。中国特色的工业化产物就是“农民工”这一特殊群体。虽然正在加快城乡一体化的进程中，但是这一进程仍然需要工业化的继续发展来推进，在工业化继续发展且城乡发展始终不平衡的转轨阶段，城镇发展人口空前剧增，受到了环境、资源、教育、医疗等多方条件的制约，农民工虽然作为由农业转向工业的劳动力，但是由于人口众多，且二元结构导致人口扎堆，因此，转向工业和服务业的农民工薪资仍然处于相当低的水平，也是中国收入差距扩大的特色之一。第三，户籍制度严苛，福利覆盖比例低。户籍制度是典型的中国特色，存在的最主要目的是限制人口流动、保持社会稳定。而随着工业化的发展，城镇中农民工的比例逐步增大，为城镇的建设和发展发挥了举足轻重的作用。然而，不仅存在第二点中提及的薪资水平低的问题，还存在社会保障无法覆盖的问题，据笔者调研发现，现阶段中国大多数城镇只将户籍人口纳入社会保障的范畴内，特别前沿的城市，已经开始选择将常住居民以及农民工纳入社会保障范畴，但保障种类和水平仍无法与城镇居民相比。随着经济发展步入由中低收入向中高收入过渡的阶段，福利赶超的内在逻辑起点——收入差距扩大将可能产生制约工业化发展、影响社会稳定的负面影响，中国社会福利开始从农村社会保障着手推进社会保障全覆盖。

二、直接逻辑起点——扩大内需的要求

中国经济发展的历程正是一段经济赶超的历程，中国从1953年开始出台第一个五年计划，发展到现在恰进入“十二五”

规划阶段。1978 年以来，中国经济开始贯彻“三步走”战略，这是一个清晰的赶超战略，辅之五年计划的落实，中国经济自改革开放以来得到迅速发展。然而，从出口、投资和消费三驾马车对经济的贡献来讲，20 世纪 90 年代以来中国经济主要是出口型加投资型经济，而自 2008 年由美国次贷危机引发的全球性金融危机爆发以来，中国出口严重受挫，主要转为投资拉动型经济。投资拉动型经济对经济增长具有短、强、快的积极作用，但是也具有不稳定、不具有长期性、扭曲市场等多方负面效应。随着欧债危机的爆发和加剧，出口经济进入冰冻期，中国经济开始转而发展内需型经济，以扩内需作为经济发展的主要方向之一。中国经济增长的后劲很足，主要原因之一是居民大都具有可观的储蓄额，这也是拉动内需能够实现的广阔空间，此外，中国的农村市场具有很大的消费空间。中国居民偏好储蓄的直接原因在于：中国社会福利制度的水平低、覆盖率低、不完善，尤其是广大农村地区，甚至缺乏社会保障且存在社会保障资金不足的问题，从而导致居民不敢花现在钱，甚至不敢花过去的钱，而是选择将大部分钱储蓄起来，为自己的养老、失业、医疗等突发情况进行应急储备。面对世界经济给予的强大压力、本国经济急需的增长动力以及迫切的结构调整要求，中国开始进行以刺激和扩大内需为直接目的的福利赶超。

第二节　收入再分配在改进民生中的作用

中国在初次分配中实行按劳分配和按生产要素分配相结合的分配原则，居民收入主要由以工资、奖金、津贴为主的劳动收入和以租金、利息、红利等组成的非劳动收入，近年来，随着房地产市场和债券市场的不断发展以及多级资本市场的逐步建立，资本收入也成为居民收入的重要组成部分。初次分配主要是以市场机制为基础进行的分配，主要注重的是效率原则，而往往会导致社会收入差距，差距过大会影响市场机制效率，因而需要财政通过收入再分配进行协调来实现社会公平。

民生工程中包括的老有所得、病有所医、学有所教、老有所养、住有所居等主要内容的落实需要通过收入再分配来实现，具体表现在以下几个方面：第一，财政收入是民生工程落实的基础。以税利债费为主的财政收入是民生工程得以落实的资金基础，巧妇难为无米之炊，没有了资金的支持，大力改进民生就只能是一句空话。此外，在财政收入中，税收也是能够直接落实民生工程的有力手段。例如，中国于2006年取消对农业税的征收，减轻了原本收入很低的农民的负担，使农民在保障中个人出资部分有了更多的资金基础。又如，中国现已在上海、重庆等典型省市进行房产税试点，着手对别墅、高档公寓等高端房产以及个人多套房产的现象正式征收房产税，并利用房产税的收入补贴住有所居工程。第二，财政支出是民生工程落实的保障。有了收入分配的基础，财政支出是落实的保障，在经济性支出和社会性支出中，民生工程的落实显然属于社会性支出。财政支出作为民生工程落实的保障主要是指增加社会性支出比例和集中优势资金着力解决问题，即资金的数额大小和资金的使用方法。第三，财政管理体制帮助民生工程得以长期良好落实。财政管理体制是财政收入和财政支出的运行机制，主要包括税收管理、预算管理、国债管理等体制内容，涉及税种、税率、分税标准、部门预算、政府采购、国库集中支付以及政府债务等多方面内容，是财政机制良好运转的基础，是收入再分配得以实现的基础。

第三节　中等收入阶段把握收入分配的主要关系

中等收入阶段中国福利赶超以收入差距扩大为内在逻辑起点、以扩大内需为直接逻辑起点、以大力改进民生为主要内容、以优化收入再分配为主要手段。对中国收入分配现状的研究是本书继续研究优化收入再分配的前提。现阶段，国内学者对中国收入分配进行了深入、多角度的剖析，例如，深入讨论收入分配的尺度、收入分配的政策性建议、政府在收入分配中的作用、体制改革对收入分配的影响、调节收入分配与缩小收入差距、税收改革与收入分配等。本书的核心在于研究中等收入阶段经济赶超与福利赶超，目的是试图分析中等收入阶段中国怎样继续贯彻经济赶超的同时适度发展福利赶超，本书认为两者的纽带在于财政；中国现阶段福利赶超的主要内容是大力改进民生，正是需要财政优化再分配来实现，即财政应当在大力改进民生中优化收入再分配；所谓优化，就是与现阶段相比较的程度，而中国现阶段收入分配究竟有何特点成为优化收入再分配的研究基础。本小节论述了中等收入阶段在收入分配方面特别需要把握的五大关系，本书认为这是现阶段收入分配的特点，也是研究在大力改进民生中如何优化收入再分配的现状基础，这五大关系分别是：一是劳动者薪酬比重有没有过高或过低，对收入分配的影响是怎样的；二是转移性收入怎样影响收入分配；三是财产性收入怎样影响收入分配；四是公共产品供给怎样影响收入分配；五是国有企业经营活动怎样影响收入分配。

一、劳动者薪酬与收入分配

中等收入阶段国内学者对劳动者薪酬的研究颇多，一些声音认为中国劳动者薪酬比重偏低，严重影响了收入分配的经济公平。然而，财政科学研究所课题组（2011 年）在此问题上进行了深入研究，在 6 个解释变量、18 个国家、26 年的数据基础上利用实证分析的方法切实提出了中国劳动者薪酬期望值的概念，即试图说明劳动者薪酬是根据多种因素的变化而动态演变的。实证分析结果如图 7 - 1 所示，证实在综合因素的影响下，现阶段中国劳动者薪酬的实际值高于期望值，劳动者薪酬的比重并不低。本书在此问题上赞同课题组的观点和结论。

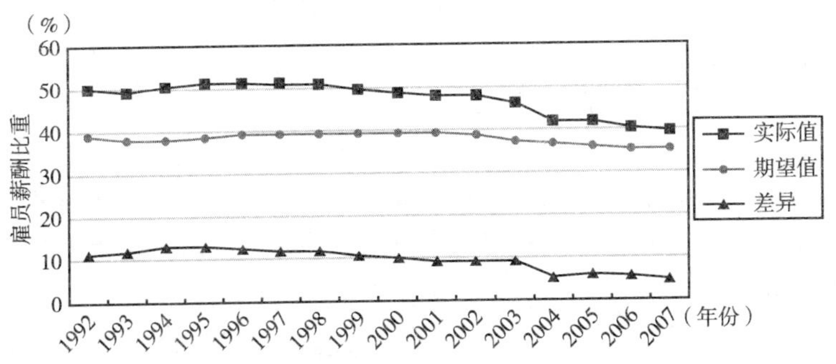

图7-1　中国劳动者薪酬的期望值与实际值①

数据来源：《国际统计年鉴》和世行数据库。

虽然与大多数发达国家劳动者薪酬占比重50%以上的数据相比，中国劳动者薪酬的客观数值35%左右相对较低，但是本书赞同课题组的实证结论，认为中等收入阶段中国劳动者薪酬占比不低的原因主要有以下几个方面。

第一，转轨阶段依然受到历史遗留因素的影响。自1949年新中国成立以来，中国经济主要经历了1949~1977年的计划经济时期和1978年至今的市场经济时期，而自1978年改革开放以来，中国经济一直在探索市场经济的改革之路，最终于1992年确立具有中国特色的社会主义市场经济体制，至今体制仍不完善，仍然处于转轨阶段。按照经济发展的历史脉络，收入分配由原来计划经济体制下的“大锅饭”到现在初次分配中按劳分配与按要素分配相结合的方式，已经取得了飞跃式发展；然而，中国现阶段虽然步入中等收入阶段，但是市场经济体制仍不完善，大型国有企业的数量多、占比大、产业垄断，而中小型企业从业人员数量虽然很多，但是相对发展依然薄弱，从而影响了总体劳

① 张晓云、贾康：《雇员薪酬的形成机理与我国状态判断：基于“公正”与“均平”的分析框架》，载于《财科所研究报告》，2011年第121期。

动者薪酬比例。此外，无论是原来的“勒紧裤腰带”发展经济，还是现在的市场经济体制下发展经济，我国始终把经济增长和发展放在全局工作的核心位置，一直坚持贯彻赶超战略，集中优势资源和两大部类的积累为经济发展的全局服务，是源自历史的体制原因和赶超战略的使命要求，也是中国经济发展的必然要求和必经阶段。反过来，也只有大力发展经济才能够从长期保障劳动者薪酬的提高。

第二，产业结构和就业结构要求所致。中等收入阶段是工业化发展的繁荣时期，随着中国由中低收入阶段转向中高收入阶段，以服务业为主的第三产业也开始发力，劳动力薪酬即雇员薪酬主要是指在工业和服务业中的就业薪酬。而与世界上绝大多数的国家不同，由于要解决世界1/5人口的吃饭问题，农业一直是中国产业发展的重中之重，加之目前对于人口而言中国农业基础依然薄弱，需要大力进行农业产业技术升级、基础设施更新换代、农产品开发等，需要劳动力数量和质量保障来实现。现阶段，随着工业化的深入发展，农村劳动力大批量向城镇转移，形成“农民工”这一特色群体，并逐步成为城镇发展的中坚力量；而与此同时，农村出现了耕地荒废的普遍现象，引发社会各界广泛关注和担忧，而造成这种现象的直接原因是雇员劳动力较务农收入要高很多，当然，这并不是雇员劳动力水平提高的负面效应，而是工业与农业之间相辅相成的发展关系没有得到良好处理的原因，“农业哺育工业，工业反哺农业”，中国的经济发展显然已经进入了第二个阶段。维持社会稳定的首要前提是要解决吃饭问题，那么提高农业收入是亟待考虑的问题，这样的产业结构和就业结构及趋势，是中国中等收入阶段发展的现状，显然也会从很大程度上影响雇员薪酬比重。

第三，人均GDP仍然处在较低水平，加之资本市场空前发展，资本收入挤占劳动收入。归根到底，劳动力薪酬的高低取决于 GDP 的增长、经济的发展。按照世界银行对收入等级的划分，中等收入阶段是一个较大的人均 GDP 区间，并随着世界经济的发展而不断扩大如表 7－1 所示。

表 7－1　2002－2010 年世界银行对中等收入国家人均 GDP 水平划分

年　度	中等收入国家	
	下中等收入 LMC	上中等收入 UMC
2000	[756，2995]	[2996，9265]
2001	[746，2975]	[2976，9206]
2002	[736，2935]	[2936，9075]
2003	[766，3035]	[3036，9385]
2004	[826，3255]	[3256，10 065]
2005	[876，3465]	[3466，10 725]
2006	[906，3595]	[3596，11 115]
2007	[936，3705]	[3706，11 455]
2008	[976，3855]	[3856，11 905]

数据来源：世界银行，《世界发展报告（2002～2010 年）》。

中国虽然已经步入中低到中高过渡的阶段，但是人均 GDP 水平与发达国家相比依然有很大差距，劳动力薪酬水平和比重直接拿来与经历长期资本主义深入发展、市场经济体制已全面完善的西方发达国家相比是不理智的。随着工业反哺农业以及工业化的深入发展，加之第三产业的全面开花，中国经济以良好的积累基础必定能够继续发力、继续保持稳步增长，这才是劳动力薪酬水平和比重发展的源头。此外，由于市场经济体制一直尚未完善，中国资本市场体制发展缓慢。步入中等收入阶段后，中国开始加快多级资本市场建立健全的脚步，房地产市场和股票市场等基础基本市场也得到了大力发展；与此同时，资本性收入占比也逐步提高，加之资本增长的迅速膨胀特征，对实打实的劳动收入比重产生挤压。

二、转移性收入与收入分配

收入分配包含初次分配与再分配两大层面，而财政是两大层面之间的纽带，财政中转移性收入是财政纽带职能实现的手段之一。按照西方经济学三部门理论，转移性收入能够实现三大部门之间资金的流转从而形成新的可支配收入格局，在流转的过程中能够直接影响社会不同阶层的可支配收入金额，以缩小收入差距为目的实现调节收入分配的作用。

按照宏观经济学三部门理论，三大部门在收入再分配过程中呈现出如下特点：政府部门总体净流入，企业部门总体净流出，个人部门总体净流入。自市场经济体制建立以来，中国收入再分配功能不断加强，有关数据显示，1992~2008 年政府可支配收入逐步增加，总额超过了个人部门缴纳相关税收的综合，因而就收入再分配角度而言，个人部门相对于政府部门呈现净流入。财政可支配功能不断加强的原因主要有以下几个方面：第一，收入方面，以所得税为主的收入税收以及社会保险缴款数额不断增加；支出方面，社会保障付款和其他经常性转移支出数额大幅增加。这“一入一出”使财政收入再分配功能得以全面加强。需要特别说明的特点是，政府主要从个人和企业部门得到的相关税收款项基本都通过转移性支出反馈给个人部门社会保障等相关支出，而很少反馈给企业，切实地、有针对性地起到缩小收入差距的作用。第二，个人部门经常性转移支出大幅增加，而经常性转移收入增长缓慢，因此该部门得利较多。财政收入再分配功能不断加强在个人部门得到的主要表现就是，个人部门相对于政府部门而言呈现净流出，原因是：个人部门经常性转移收入社会保险福利出现了缓慢增长，而社会补助和其他经常转移出现持平甚至是负增长；而与此同时，个人部门经常性转移支出受到收入税和社会保险缴款的拉动呈现大幅上升的趋势。最后，值得说明的是，企业部门转移收入较为稳定，而转移支出大幅下降，主要是社会保障方面下降的原因所造成，直接承担下降后果的是个人部门。因此，相对于政府，企业在收入再分配中功能逐步减弱。以上分析表明，经过收入再分配之后，个人部门转移性支出得到大幅度提升，本着财政“抽肥补瘦”的福利分配策略，能够有效地控制收入差距。其中，政府部门对个人部门收入再分配功能不断增强，而企业则逐步削弱，即结论是在收入再分配中应更加重视财政的作用。

三、财产性收入与收入分配

财产性收入是现阶段导致收入分配扩大的一个主要因素。自1978年改革开放以来，我国居民财产性收入比重不断提高，具有关数据显示，我国居民财产性收入规模已达到全球第三位（见表7－2），由表中数据可以看出：第一，财产性收入带有资本性质，呈现出波动巨大的特点。第二，个人部门财产性收入逐年升高，2005年以来增长幅度更为明显。造成这种变化的原因是资本市场的发达和多级资本市场的逐步建立、健全。一直以来，中国居民金融性财产主要以银行储蓄形式存在，而随着房地产市场和股票市场的发展，中国居民已有房产升值、投资房产套利、持有房产保值的现象增多，尤其是房地产市场泡沫空前膨胀，导致财产性收入中的资本收入剧增，加之中国目前没有正式出台和建立房产税、遗产税等调节资本收入的税种及体系。因此，财产性收入对中国收入分配的影响逐步增大。

表7－2　　1998～2008年中国各部门财产性收入情况　　单位：亿元

年份	个人部门	政府部门	金融机构	非金融企业	国内部门
1998	3576.7	－471.5	243.7	－4718.0	－1369.0
1999	3021.1	－526.6	140.9	－4092.5	－1457.1
2000	3088.2	－215.2	287.0	－4300.0	－1140.0

续表

年份	个人部门	政府部门	金融机构	非金融企业	国内部门
2001	3266.8	-281.5	-330.2	-4197.1	-1542
2002	3387.7	-351.5	-82.3	-4167.0	-1213.1
2003	3272.6	-645.5	455.3	-3744.1	-661.6
2004	2541.6	-697.8	37.4	-2225.8	-343.6
2005	3468.1	-250.4	-94.5	-2376.5	766.6
2006	5399.5	-75.4	-3842.4	-3842.4	1049.7
2007	6862.0	319.0	-1672.3	-3885.3	1623.4
2008	7418.9	-1253.7	754.6	-5180.9	1738.8

数据来源：《中国统计年鉴（1999~2009年）》。

四、公共产品供给与收入分配

公共产品供给是公共财政体系建设和发展的核心问题，也是缩小社会成员之间实际收入差距、维持社会稳定、提升幸福感的重要举措。公共产品供给方面与收入分配公平性的影响仍然主要是靠“一入一出”来实现，本小节将分别分析公共产品供给财政收入来源的现状与问题以及公共产品供给财政支出的现状与问题。

1. 公共产品供给财政收入来源的现状与问题。公共产品供给财政收入来源与其他财政收入税利债费的基本来源相同，税收比重高达90%以上，税种主要包括：商品课税、所得课税、财产保有课税，商品课税占比最重、所得课税其次而财产保有课税占比最小，财产保有课税的增速是最大的（见表7-3）。如上所述，随着资本市场的发展，财产性收入对收入差距的影响逐步扩大，应当积极推进房产税、遗产税等资本性收入相关税收，科学、合理、适度地增加财产保有课税比例，充分发挥财政收入过程中税收对收入分配的调节作用。

表 7－3　　2006～2010 年税收收入占比表　　单位：%

年份	商品课税占比	所得课税占比	财产保有课税占比
2006	67.17	27.27	2.67
2007	62.59	27.11	2.70
2008	62.87	28.47	3.64
2009	64.21	27.23	4.20
2010	65.99	25.96	4.15

数据来源：国家统计局，《中国统计年鉴（2007）》、《中国统计年鉴（2010）》。

2. 公共产品供给财政支出的现状与问题。现阶段，中国公共产品供给呈现出“民生支出”的特点，基本民生支出项目包括：教育支出、文体支出、医疗支出、社保和就业支出、城乡社区事务及保障房支出。2007 年以来，中国民生支出占财政支出的比重总体上呈现稳步上升的趋势，各项基本民生支出项目中，教育支出以及社保和就业支出略微有所下降，其他各项支出均呈现稳步上升的趋势。现阶段，中国逐步由中低收入阶段步入中高收入阶段，接下来面临向高收入阶段迈进，期间经济赶超的过程中，福利赶超同样不能忽略。如前文所示，中等收入阶段中国福利赶超的主要内容是大力改进民生，而大力改进民生与公共产品供给财政支出的比重和结构直接相关。本书认为，应在未来增加财政支出中公共产品供给，提高社会性支出的比重，并注重财政资金的使用和管理。

五、国企经营与收入分配

中国现阶段正处于体制转轨的过程中，国有企业占比依然较大，从收入分配角度来分析，国有企业职工收入主要呈现出以下三个特点：第一，国有企业职工收入与非国有企业职工收入相比明显偏高。以 2010 年为例，国有企业职工平均工资为 39 471 元，而私营单位职工的平均工资为 20 759 元，差距接近 2 倍。

特别地，个别特殊行业内，同行业国企与私企之间的可能表现出更大差距，例如，金融业2010年国有企业职工平均工资为80 772元，而私营单位职工的平均工资仅为30 513元，相差2倍以上。第二，国有企业职工收入高低与国有企业从事行业相关性很强。现阶段，不仅存在国有企业职工收入普遍高于非国有企业的现象，还存在位于绝对垄断地位的国有企业职工存在不合理高收入现象，例如，烟草行业、电力行业、石油行业等，职工收入比同地域其他国有企业职工收入高出3倍以上。第三，同一国有企业内部，职工收入与职位高低相关性很强。在国有企业内部，等级制非常明显，职工收入与职位高低直接相关，例如，企业内普通职工的收入与高级管理人员可以相差1倍甚至更多。这三大特点扩大了收入分配差距、严重影响了收入分配的公平性。

造成国有企业职工收入这三大特点的原因主要是：第一，中国经济仍然处于计划经济向市场经济转轨的过程中，市场经济体制尚未健全，国有企业是经济发展的主导力量，占据重要行业的垄断地位，而本土中小私营企业规模小、竞争力不强，就企业自身发展而言与国有企业无法比拟；第二，诸如烟草、电力、石油等强垄断且利润较高的行业，企业利润丰厚，企业留利过多，因此出现企业职工收入出现不合理偏高，实质是利用全民所有的资源谋取了高利润并进行了不合理分配，加之垄断企业的工作效率有限、管理体制相对滞后、职位晋升隐性刚性的存在、企业内部行政性质较强等因素的影响，国企内部收入不同级别之间收入差距很大，亟待从国企体制改革与资源等税收改革着手进行调控。

第四节　中等收入阶段改进民生中优化再分配的方针及建议

中等收入阶段经济赶超与福利赶超的进程中，应注重在改进民生中优化收入再分配，本质上的含义是：在福利赶超进程中要全面贯彻以民生为主要内容的适度赶超，一方面注重推进基本民生托好底，给社会成员提供基本的发展起点；另一方面是注重大力改进民生以尽力提高底端的量值，在此基础上注重公平，引导中端和高端发展。在改进民生中优化收入再分配，能够实现缩小收入差距、维护社会稳定、鼓励劳动力积极性等多重功效，从而促进经济赶超的顺利发展。中等收入阶段在改进民生中优化再分配的全面落实应该更加注重层次，为了达到这一目标，此方面工作的方针可以遵循贾康（2011）在收入分配方面提出的五词方针，具体表述为：维护公正、兼顾均平、引导高端、壮大中端、托好底端，并试图在本小节中以该方针为主线提出可供采纳的政策性建议。

一、中等收入阶段在改进民生中优化再分配的方针

中等收入阶段中国在改进民生中优化再分配的方针可以总结为：维护公正、兼顾均平、引导高端、壮大中端、托好底端，意在以民生为主要内容的福利赶超进程中，通过优化财政收入再分配功能来实现全民福利水平的提高并同时更加关注公平原则，保证福利赶超公正、均平、适度。这五词方针是按照重要性和功能性层层展开的，每一项和每一层都对经济赶超与福利赶超具有重要意义。

1. 维护公正是中等收入阶段福利赶超的基本出发点。社会由组织组成、组织由人员组成，人员对个人的总收入从与他人的横向比较和与自己的纵向比较两个方面进行预期，反映的实际上是人员对公正的需要：公正程度高，即使收入差距较大，也能从心理预期上进行调整；公正程度低，即使收入差距较小，也可能从心理预期上感到不平衡，进而丧失工作激励，甚至影响社会稳定。就“拉美化”问题而言，民粹主义基础上的福利赶超出现的根源主要在于不公正问题的存在，导致居民对已存在较大差距的现实增加了更多的不公正预期，致使问题恶化。如前文所述，

市场是以效率为先的运行机制，我国处于具有中国特色的社会主义市场经济体制建立健全的转轨时期，应当充分发挥市场作为资源配置基础的职能，但市场存在市场失灵的现象，需要政府进行宏观调控。在收入分配方面，市场机制以效率为先按照按劳分配和按生产要素相结合的方式进行初次分配，但如上所述，中国的市场中存在多种程度和角度的扭曲导致不公正的情况发生，直接影响社会稳定。政府在中等收入阶段福利赶超大力改进民生的过程中，应当利用收入再分配的手段着力维护公正，帮助商品市场、劳动力市场和资本市场的参与方纠正扭曲以恢复平衡或通过补贴找到平衡，从根本上解决民粹主义基础上的福利赶超的滋生温床。

2. 兼顾均平是中等收入阶段福利赶超的重中之重。维护公正是基本出发点，在此基础上要充分发挥财政调节收入分配的职能，在市场以效率为先的基础上，以均平为原则进行再分配才是缩小收入分配差距的有效手段，是福利赶超进程中需要关注的重中之重。如果说公正是通过影响居民对收入预期进而影响对收入分配差距的感觉来影响劳动力积极性和社会稳定的，那么均平涉及的是真正落到实处的、已经存在的社会收入分配差距。社会收入分配差距过大不仅能够通过影响劳动力及其主观判断来影响经济赶超，而且最关键的是能够反映当前产业结构、就业结构、行业弊端、制度漏洞以及体制僵化等影响经济赶超进程中已经存在的问题，通过财政发挥再分配的功能，能够在很大程度上起到引导和补偿的功能，加之杠杆功能和乘数效应切实实现通过对收入分配的调节来实现对整个经济赶超的宏观调控。

3. 引导高端、壮大中端、托好底端是中等收入阶段福利赶超的三个层次。在维护公正、兼顾均平的前提下，将改进民生中优化收入再分配的工作落实到具体层面，即福利赶超的三个具体层面：一是对高端进行规范和引导，做到“削高补低”、“抽肥补瘦”。社会高端收入人群大都占据了市场更多资源和要素，例如，生产中存在的“寻租”行为，生活中存在的生活空间占有大小的不同等，这些资源虽然是以市场为基础进行配置的，高端收入人群在占有之前或占有之时也付出了相应的价格，但因为市场机制本身存在缺陷，对外部性等市场失灵无法自行进行调节，因此会产生对许多高端产品定价扭曲的现象，需要财政站在维护公正的角度对正负外部性进行内化，通过税收、补贴等手段抽取内化的部分，为社会其他收入层次的人群进行补贴，以达到兼顾均平的目标。二是对底端继续落实社会保障全覆盖，并逐步提高底端的量值。在托底并逐步提高底端量值的过程中需要注意：一方面是城乡、区域发展不平衡的问题，社会保障是福利体系中最基础的部分，随着中国经济由中等收入阶段向高收入阶段迈进，城乡中相对较发达的城镇和区域中相对较发达的东部沿海对福利的要求已经不仅仅停留在社会保障的基础上，在北京、上海、南京、杭州、广东、深圳等经济十分发达的地区，甚至已经不仅仅停留在原有社会保障的水平上，而是不断提出更高的要求；另一方面中国正处于经济赶超的过程中，GDP 增长率和总体水平虽然都在世界前几位，但是由于人口基数大、市场经济体制不健全等社会主义初级阶段典型问题的存在，应当特别警惕民粹主义基础上福利赶超的趋势。三是中国现阶段福利赶超尚处于社会保障全覆盖的层面，而将逐步大力改进民生，推进基本公共服务均等化和其他公共服务的开展和水平的提升，但绝不是一蹴而就的。这就要求在托底工作的进行中避免政策一刀切，切实做好政策科学贯彻、合理细化，分区域、分阶段、分层次地落实托底工作，并特别注重控制底端量额的差异，随着经济赶超的不断深化、经济水平的不断提高、福利体系的不断完善，逐步实现全民福利体系的建立和完善。

二、中等收入阶段在改进民生中优化再分配的建议

在“维护公正、兼顾均平、引导高端、壮大中端、托好底

端”方针的指导下，在明确福利赶超逻辑起点、主要内容和三大层次的前提下，试图针对中国中等收入阶段收入分配中存在的问题提出如下建议：

1. 加快深化体制改革，积极转变政府职能。加快“省直管县”和“乡财乡用县管”的财政体制改革，减少财政层级，从根本上解决基层财政困难，按照“一级政权、一级事权、一级财权、一级税基、一级预算、一级产权、一级举债权”① 的原则建立健全多级财政，切实帮助基层财政大力改进民生。全面落实综合配套改革，协调中等收入阶段经济赶超与福利赶超，通过试点探索可行性路径并推向全国。注重转变政府职能，稳步提高社会性支出的比重，加快计划向市场转轨的进程，规避政府“缺位”和“越位”。加快经济以市场为资源配置为基础、福利以大力改进民生为内容的赶超步伐。

2. 完善社会保障制度，推进基本公共服务。根据方针中“托好底端”的要求，中等收入阶段在改进民生中优化再分配的第一条建议是：完善社会保障制度，实现社会保障制度全覆盖，完善底端福利体系；在此基础上，注重提高底端的量值，在实现社会保障制度全覆盖的过程中，积极推进基本公共服务“均等化”。在托好底端的过程中需要注意两个问题：第一，完善社会保障制度的目标在于实现社会保障制度全覆盖，但水平是稳步提高而不是民粹赶超。中等收入阶段福利赶超的基本思路是由社会保障逐步向社会福利发展，而中国社会保障制度尚不健全，尤其表现在广大农村原有养老保险、医疗保险水平很低，而以新型农村合作医疗制度为先锋的现代农村社会保障体系尚未完全建立健全，除此之外，农村还面临劳动力由务农农民向农民工转型过程中所涉及的失业保险和工伤保险等社会保障问题。加之中国现阶

① 贾康、白景明：《县乡财政解困与财政体制创新》，载于《财税与会计》2002 年第 5 期，第 9～13 页。

段城乡发展不平衡，城乡人力资源综合素质及水平也相当不均衡，对于医疗保障和基础教育等社保方面是一个硬性制约，需要稳步提升。第二，稳步提高福利水平的有效途径是推进基本公共服务“均等化”，但要注意科学贯彻、合理细化。这一点中最值得注意的问题是基本公共服务的水平衡量问题。基本公共服务包括的内容大致包括：由养老保障、社会救助、就业保障等组成的基本保障性服务，由公共教育、公共卫生、公共文化等组成的公共事业型服务，由公共设施、生态创建、环境保护及治理等组成的公益基础性服务，由国防安全、生产安全、消费安全、社会治安等组成的公共安全性服务，这些内容对于区域经济发展不平衡的地域而言基本一致，但是基本公共服务的水平要与经济发展水平相适应，因此必将在地域经济发展水平不一致的基础上引发基本公共服务水平的不均衡现象。由基本公共服务均等化的内容体系可以看出，这属于中国由社会保障向社会福利迈进的过渡内容，因此，在贯彻的过程中应首先保证社会保障的全覆盖，在此基础上：首先建立均等的基本公共服务体系，通过收入再分配推动不发达地区基本公共服务体系的建设，并达到全国基本公共服务均等化；接着，在该地域经济发展基础上注重稳步推进、全面开展基本公共服务以外的其他服务，通过经济赶超的继续落实、经济基础的全面提升来实现社会公共服务的水平。

3. 扩大居民财产财富，调整社会收入结构。根据方针中“壮大中端”的要求，在中等收入阶段经济赶超的进程中，应在福利赶超方面通过优化收入再分配积极支持居民由积累储蓄性资本向扩大财产性资本的方向转变，扩大社会财富规模，并以此作为推动社会中坚力量产生的原动力。多方机构对发达国家社会收入结构的研究表明，大多数社会收入结构都呈现“橄榄形”，即高端收入人群和底端收入人群都在两端占据很小的比例，而社会中端收入人群占据绝对的大比例，是社会收入差距最为理想的一种社会收入结构。然而，中国现阶段社会收入结构呈现“鸭梨形”，即低收入人群占据绝大多数比例，中端收入人群正在逐步增加，但是仍然占据较小比例，高收入人群比例与中端收入人群都较低，但差距不大。为实现“鸭梨形”社会收入结构向“橄榄形”转变：应当逐步提高城乡居民收入在国民收入分配中的比重和劳动报酬在初次分配中的比重，并通过财政的收入再分配功能大力改进民生，为居民解决后顾之忧；过滤资本市场泡沫，支持居民资本由储蓄型向投资型转变，并引导居民收入更多地投入实体、科技和国家产业结构升级换代所导向的产业中去，扩大财产性资本和社会财富规模，培育中等收入阶层，通过调整社会收入结构缩小收入分配差距。

4. 建立健全市场机制，加快推进国企改革。自 1992 年具有中国特色社会主义市场经济体制建立以来，中国经济体制一直长期处于转轨阶段，市场机制很不完善。近年来，已从国有企业数量、行业领域和产业结构方面逐步进行了改革，但是如上文所述，国家与企业、企业与职工的分配关系仍然存在企业留利过多、税制不尽合理、企业内部职工收入差距过大等诸多问题。由于国有企业大都具有规模巨大、行业垄断的特点，应当考虑：一方面，引导国有企业建立收入分配调控制度和收入激励机制，注重管理企业职工工资总额，有意识限制国有企业职工工资过快上涨，尤其是电力、石油、冶金等大型垄断能源供给型国有企业，应当注重在生产经营和收入分配中不断加强税收的调节作用；另一方面，推进国有资本经营预算与公共预算相结合，提高国有企业分红比例，扩大税利债费上缴范围，充分发挥财政收入再分配的作用，统筹用于民生支出。

5. 积极稳步结构为先，深入推进税制改革。财政发挥收入再分配职能过程中，税收作为财政收入的主要组成部分且作为财政支出的主要源头是最为有效的调节手段。中等收入阶段，中国要加快工业化脚步，大力发展第三产业，全面贯彻一脉相承的经济赶超，由投资型和出口型经济向内需型经济转变，应当考虑从税制上逐步降低间接税比重转而提高直接税比重，强化税收的再分配功能。例如，随着经济发展水平和收入水平的不断提高，据世界奢侈品协会相关报告的数据显示，中国已在短时间内一跃成为世界最大的奢侈品消费国，截至2011年12月底，中国奢侈品市场年消费总额为126亿美元，占全球份额的28%。盲目追求奢侈品消费不利于中国民族产业的发展、不利于中国社会收入结构转型过程中引导的居民财产性资本积累、不利于居民收入差距预期。因此，在消费税方面，本书认为应当注重在维护居民购买刚性消费品权利的前提下，加强对奢侈品消费的调控力度。个税改革已讨论了多年，先基本确定走"综合与分类相结合"的路子，除在此方向基础上建立健全管理体制、减轻低收入群体的纳税负担从而实现调节收入分配的目的外，本书认为还应当研究借鉴发达国家个税征收的有效方法，例如，引入家庭税收概念等，保证个税改革达到缩小收入差距、提高两个比重（即提高城乡居民收入在国民收入分配中的比重和劳动报酬在初次分配中的比重）的目标。随着资本市场的不断壮大和发展，以及财产性资本收入的比重不断提高，对房产税和遗产税的开征应当切实提上日程：房产税方面，已经在典型城市开辟试点，并将在近期全面大力推行，需要注重房产税的税率、征收范围、征收手段和管理体制的建立健全，保障房产税的长期有效性；遗产税方面，目前还在讨论中，但随着改革开放以及市场经济体制建立以来"先富"群体的不断壮大，遗产税的未来趋势是明朗的，但是对征收时机、税种、税率、征收范围和管理体制等的研究还需通过与国外对比、对国内的逻辑和实证分析等方法继续深入。

6. 完善转移支付体系，优化转移支付管理。财政转移支付时财政支出大力改进民生、实现基本公共服务均等化的有力手段。在完善转移支付体系、优化转移支付管理方面，可以着重从以下几个方面考虑：第一，稳步提高转移支付水平。这是经济水平不断提高、防止收入差距过大的客观要求。尤其是在财政扶贫、减贫方面，应当更加起到转移支付的作用，逐步提高转移支付水平。在中等收入阶段经济赶超进程中，农村的贫困问题是影响全局经济发展、影响社会稳定的重要因素之一，按照人均2300元人民币的新扶贫标准统计，贫困人口群体规模已超过1亿人。应当在加快城乡一体化、统筹区域发展的过程中注重财政收入再分配的作用，对农村地区和落后地区进行反哺，加大转移支付力度、逐步提高转移支付水平。第二，转移支付要集中优势资金按照优先级着力解决问题，避免“撒盐”方式。现阶段，转移支付的目标是大力改进民生、实现基本公共服务均等化，这是调控的最终结果，而不是调控时必须遵循的手段。以往转移支付资金的运作往往出现为追求绝对平均而采取“撒盐”方式，不区分问题的轻重缓急，抱着“不求无功、但求无过”的消极心态，把转移支付资金的统筹运用一刀切、人情化、平均化，导致大批转移支付资金在各大方面都处于“杯水车薪”的状态，很难发挥效力，导致资源浪费。因此，应不仅仅注重稳步提高转移支付的水平，还应当加强转移支付资金的管理和运用，将“好钢用在刀刃上”，按照待解决问题轻重缓急的优先级逐步着力解决问题，一步一步地建立社会福利体系。第三，加大一般性转移支付，逐步减少专项转移支付。中央对地方财政的转移支付体系主要由一般和专项两种转移支付构成，一般转移支付主要用来弥补财政实力相对较弱地区的财力缺口。现阶段存在的问题是，专项转移支付相对较充裕而地方财政无权支配，与此同时，由于财政层级较多、分权体制不顺而导致的地方财政压力巨大、缺口过多现象确实普遍存在，两者出现扭曲，从而可能造成地方财政困难、专项转移支付被挪用等问题。因此，加大一般性转移支付力度，是解决现阶段财政体制改革中出现的体制没有理顺而导致的县乡基层财政困难的有效手段。着力加快财政体制改革，理顺自上而下的财政层级，明晰财权和事权的划分，才是解决县乡基层财政困难的根本途径。第四，以大力改进民生、实现基本服务均等化为目标丰富转移支付扶持内容。随着中等收入阶段福利赶超的进行，现阶段大力改进民生、实现基本公共服务均等化和未来逐步建立社会福利体系的目标应当考虑充实到转移支付的焦点内容中，尤其加强对随着工业化进程出现的进城务工人员社会保障、进城务工人员子女教育、留守子女教育、留守老人的赡养、结构性失业、结构性人才短缺等等问题的关注，应考虑按照经济区域的实际情况做好科学细化的落实方案。

7. 健全多级资本市场，加强金融资本监管。如前文所述，财政在大力改进民生中应通过收入再分配引导居民扩大财产性资本和社会财富规模，培育壮大中端收入人群，从而缩小社会差距，将社会收入结构由“鸭梨形”转变为“橄榄形”。在引导居民扩大财产性资本和社会财富规模的过程中，应当特别注重继续健全多级资本市场并加强金融资本监管，保持社会财富增长有道、稳定可控。健全多级资本市场和加强金融资本监管能够发挥帮助社会收入结构转型的作用：第一，拓宽居民资金的投入方向，降低居民资金的投入风险。现阶段居民资金的投资除银行理财、人寿保险等金融选择外，去向主要有两个：一是正规渠道，投向股票和房地产市场；二是民间渠道，投向民间短期拆借。两种去向于宏观、于微观而言都存在明显缺陷：股票市场风险自担，此不必多言；房地产市场容纳资金量十分有限，一旦成为投资套利焦点价格将迅速推高，现阶段房产价格已呈现虚高、泡沫严重，多数情况是内部资金和游资炒房所致，现在入口已经严格控制，房产市场也正准备全面落实房产税的开征；民间短期拆借没有明文规章制度、暗箱操作严重、资金去向不明，居民收入投入之后风险很大。第二，开辟多种投资渠道，稳定各类资本市场。多级资本市场的建立健全能够在银行理财、人寿保险、股票市场、房产市场等以外，能够建立健全城市银行和乡村银行、开发金融衍生品、完善股票期货市场、拓展 PE 和 VC 等大型合法融资渠道和提升融资管理、深入开发保险市场等，为居民开通多种投资渠道。多级资本市场的建立能够稳定吸纳更多投资资金，并进行良好的管控、保值、增值，并通过多渠道疏通避免对某一资本市场过于集中而引发的资本价格风险和市场稳定风险。第三，全面加强金融系统的稳定性，规避游资对国内居民资本的冲击。从世界经济角度来看，中国作为新兴经济体的带头人为世界经济增长贡献力量强大，而所建立的新兴市场也是国际游资的焦点。然而，随着2008年美国次贷危机引发的全球金融危机蔓延，加之2011年欧债危机的爆发和加剧，世界经济不稳定性不断增加，美国作为世界经济的领头羊由于受到金融产业与欧洲深度交叉而产生的金融脆弱性影响经济复苏缓慢，对以出口为主要支柱产业的新兴经济体也产生巨大冲击。2011年年底，随着美国经济以高于2%的增长速率积极出现，国际游资出现大规模回流现象，并可能出现摆动，将对国内金融系统稳定性造成严重冲击。多级资本市场的建立有助于构建健康的金融结构、层级和系统，提高金融系统各方面属性，避免集中投资对单一资本市场价格的盲目推高，建立健全金融资本市场的传导机制，提高大宗商品价格各项资本市场指数预测监控能力，提前做好应对国际游资防范措施，维持金融市场健康稳定，确保居民财产性资本收入的增加和社会财富规模的扩大。第四，健全法律法规，打击违法犯罪，打击地下钱庄，疏导民间资本运作规范化。在建立健全资本市场的进程中，随着新兴金融产业及新型金融产品的产生和发展，应当注重建立健全相关法律法规制度，打击金融违法犯罪行为，规范金融资本市场发展，保障投资人资金安全；积极发挥行业协会制定行业规范的监督作用，并通过行业协会引导和规范金融资本市场新兴产业和新型产品的良性发展，注重风险防范；全力打击地下钱庄，不断健全人民币汇率形成机制，维持国内四部门经济稳定、繁荣发展，并坚持扩大内需，减少出口经济对经济发展的冲击；着手规范民间资本运作，疏堵结合、以疏为主，降低居民投资风险，同时加强金融系统对中小企业融资的力度，防范低劣民间资本操纵对中小企业产生的消极影响，维护中小企业、尤其是小微企业的合法权益，保障符合国内调整经济结构、转变发展方式、科技开发和应用等积极要求的中小企业、尤其是小微企业的良性运转。

第五节 小 结

本章论述了中等收入阶段在改进民生中如何优化再分配，认为中等收入阶段福利赶超的主要内容是大力改进民生，该目标是通过财政收入再分配职能来实现，然而，中国中等收入阶段收入分配存在很多问题，应当有针对性地优化再分配，并在最后提出了可供探寻的政策建议。首先，第一小节论述了中国中等收入阶段以改进民生为主的福利赶超逻辑起点，其内在逻辑起点是收入差距扩大；其直接逻辑起点是扩大内需的要求。接着，第二小节从中国现阶段收入分配的结构和改进民生的内容及两者逻辑关系的角度论述了收入再分配在改进民生中的作用，认为收入分配是改进民生的基础，改进民生是缩小收入分配差距、维持收入分配公平的途径。第三小节论述了中等收入阶段需要重点把握的收入分配五大关系现存的问题及原因，包括：劳动者薪酬与收入分配、转移性收入与收入分配、财产性收入与收入分配、公共产品供给与收入分配和国企经营与收入分配。最后，论述了中等收入阶段改进民生中优化再分配的方针及建议。认为中等收入阶段在改进民生中优化再分配应遵循五词方针，即“维护公正、兼顾均平、引导高端、壮大中端、托好底端”。其中，维护公正是中等收入阶段福利赶超的基本出发点，兼顾均平是中等收入阶段福利赶超的重中之重，引导高端、壮大中端、托好底端是中等收入阶段福利赶超的三个层次。在此基础上，提出中等收入阶段在改进民生中优化再分配的七项建议：加快深化体制改革，积极转变政府职能；完善社会保障制度，推进基本公共服务；扩大居民财产财富，调整社会收入结构；建立健全市场机制，加快推进国企改革；积极稳步结构为先，深入推进税制改革；完善转移支付体系，优化转移支付管理；健全多级资本市场，加强金融资本监管。

第八章

中等收入阶段经济赶超与福利赶超对策建议

在第七章的内容中，较为详细地阐述了中等收入阶段在改进民生中如何优化再分配，可见财税体系在福利赶超中的重要作用。结合前几章中对经济赶超与福利赶超及财政关系的论述，笔者认为应当特别注重发挥财政在经济赶超和福利赶超中的作用，应当按照“瞻前顾后”的四字方针，建立健全相关财税体系，全方位、多维度、多视角地保障中等收入阶段经济赶超与福利赶超。本章论述的主要内容即为中等收入阶段经济赶超与福利赶超财税体系，展开的逻辑思路如下：首先，将试图论述中等收入陷阱与财税体系的关系。此小节论述开展的主要目的在于通过国外正面、负面比较分析探究落入和跨越中等收入陷阱的过程中经济赶超与福利赶超的财税体系，从而为中国在中等收入阶段的发展借鉴经验教训。其次，将在第二小节和第三小节中分别论述中等收入阶段中国经济赶超和福利赶超财税体系内容。在前几章中已经详细论述现阶段经济发展的不足和福利发展的方向，此两小节将在此分析基础上详细探究现阶段中国财税体系即成部分和存在问题，并给出财税体系具体优化的建议。按照财政学的基础理论，本章对财税体系的相关论述都按照财政收入和财政支出两条线索展开。最后，将在具体的宏观财税体系基础上按照人均收入高低划分分析相应权变因素。

第一节 财政与中等收入阶段

第一章对中等收入阶段经济赶超与福利赶超概念和逻辑进行了详细论述，认为现阶段处于中等收入经济赶超阶段的经济体有三种可能的发展路径：第一，平稳衔接步入发达阶段，如日本和亚洲四小龙步入发达经济体的增长历程；第二，技术发力跨越中等收入阶段，如美国 20 世纪 70 年代经济危机及后来居上的增长历程；第三，动荡混乱落入中等收入陷阱，如拉美地区。本小节就针对拉美地区、日本和美国的财税体系进行分析，以期找到中等收入阶段中国跨越中等收入陷阱可供借鉴的财税体系开展路径。

一、国外比较研究

1. 拉美财税特点。拉美各经济体在中等收入阶段放弃继续坚持经济赶超转而追求福利赶超，并呈现出民粹主义特征。拉美的城市化在民粹主义的影响下过度发展，而与之伴随的是工业化发展的严重滞后，两者成为中等收入经济赶超阶段拉美经济增长过程中的主要矛盾。拉美在工业化方面实行“进口替代工业化战略”（ISI），这项战略的实质是以扭曲要素和市场价格来抵御出口、保护本土产业为代价，从而严重阻碍了拉美的工业化发展。从宏观上来讲，拉美福利赶超将重点放在了扩大社会性支出。一国财政支出的两大基本方向为生产性支出和社会性支出，而拉美 80 年代以后为迎合民粹主义的需要不惜将财政支出着力于扩大社会性支出方面，甚至在财力严重不足的情况下扩大赤字来满足社会性支出。从微观上来讲，拉美福利赶超将重点投向劳动就业。拉美劳工立法的就业保护、解雇赔偿及劳工休假等方面，的确为广大劳工带来了福利，但是后来不断提高的社会保障税成为雇主的沉重负担，并导致非正规部门规模不断扩大。因此，总结拉美财税体系的特征就是以社会性支出的不断攀升为主要特征，表现为扭曲的经济赶超和民粹主义基础上的福利赶超。

2. 日本财税特点。日本现阶段已步入发达国家的行列，本书主要关注的是从中等收入阶段迈向高收入阶段的过渡时期财税特点，即日本战后以来的财税特点。第二次世界大战后日本经济百废待兴，从而选择了“倾斜式生产方式”，将经济赶超的方向侧重于以原材料为主的钢铁、煤炭、化肥、电力等工业部门上，本质上也是一种资源密集型的工业化进程。日本在财税体制方面的改革主要方针是“夏普三原则”，即明确行政职责原则、优先市町村原则和效率原则。日本财政体制方面主要呈现两大特点：第一，政府政权、事权分明，道府县政府侧重经济服务而市町村政府侧重居民生活服务。财政收入方面主要以税收为主，税收收入中以间接税为主，税制主要选择累进制。第二，财政收入方面国税占主体，而财政支出途径主要是通过地方政府，因此，日本财税具有较完备的转移支付体制和大比例的转移支付规模。综上所述，结合经济赶超与福利赶超角度而言，日本财税的主要特点是财税体制始终站在为经济发展服务的角度上来开展，并且稳步推进、井井有条，福利水平随着经济发展水平而水涨船高，且在完备的转移支付体制和大比例转移支付规模的保障下为地方政府“输血”，福利赶超阶段得到地方政府有力实施而顺利开展，平稳跨越中等收入陷阱，步入高收入阶段。

3. 美国财税特点。与日本平稳跨越中等收入陷阱所不同，美国经济赶超主要依靠技术发力而独领风骚，进而助推国家经济迈向高收入国家，且美国作为联邦制国家地方政府所在州高度自治，因此财税体制呈现出不同的特点。美国经济 20 世纪 70 年代是严重滞涨阶段，步入 80 年代后，为扭转滞涨局面，美国政府秉承减缓甚至放弃福利发展开展财税政策：第一，里根政府选择减少税收从而刺激经济、缩小政府规模从而降低行政开销以及减少商业管制；与此同时，所有社会福利和其他各项支出，为财政减轻负担，全力供给经济发展。第二，制定了减缓社会福利支出的计划，拟定随年龄缓慢增长的社会福利津贴制度，并配套推行逐步提升社会福利的工资税比率，从而在减少政府社会性支出的同时增加政府的税收收入。在经济赶超方面，里根政府在当时成立了战略防御计划组织（SDIO），全面刺激了新科技的涌现和发展，虽然在当时并没有起到多大作用，但强力的发展后劲后来居上，助推美国经济一跃问鼎全球经济。现阶段，美国划分为三级政府，财政也是实行分税制，各级政府事权、财权、立法明确，财源共享，自上而下形成完备的政府间转移支付体制。美国财税体制最大的特点是每一级政府都有固定的税基，这使得各级政府财政收入稳定，不至于出现基层财政困难等问题。在与福利赶超密切相关的社会性支出当中，美国按照公共品的划分来确定联邦和地方政府的事权，社会保障和基本社会福利支出基本由州和地方政府来承担。

二、对中国中等收入阶段发展的借鉴

通过以上对拉美地区、日本和美国为代表的典型国家财税特点的阐述，可以总结如下经验教训：第一，一切服务于经济赶超。中等收入阶段是经济发展的过渡阶段，包括财税体系在内的所有政策都应当力争为经济发展服务。日本在第二次世界大战后采用的“倾斜式生产”战略其实可以看做是经济赶超战略的一种，侧重推动工业化进程来带动经济发展；美国通过 SDIO 计划刺激了新科技的创新和发展，从而直接转化为生产力而带动了工业发展，迎来经济发展的高峰期；而拉美则选择了“出口替代工业化”，偏离了经济赶超的轨迹，并为福利体系砌筑了刚性层级，成为经济发展的沉重负担。从成功的经验来看，中等收入阶段财税体系应当秉承经济建设为中心，全面贯彻赶超战略，一切服务于经济赶超才是顺利渡过转型期的基点。第二，福利赶超应逐步开展。随着工业化进程的推进，社会收入差距会逐步扩大，欧美、日本等发达国家在中等收入阶段也曾出现此类问题，但绝不是通过简单地建立社会保障体系和盲目提高福利水平就能够实现的。典型负面案例就是拉美地区，在多方因素的影响下走上民粹主义基础上的福利赶超的道路，最终拖垮宏观经济。因此，为了维护社会稳定从而更好地为经济发展服务，福利水平需要相应提高，而福利赶超的程度必须与经济发展水平相适应，通过继续经济发展富国、强国、富民来逐步实现福利水平的稳步提高。第三，财政体制应上下理顺。地方财力尤其是基层财力是福利水平稳步提升的基础，也是经济赶超赖以发展的保障。根据美国的财税体系经验，基层地方政府应当考虑拥有自己的税基，使地方政府稳定财政收入。财政体制自上而下、自下而上应当理顺，真正实现分税制的优越性，应着力解决基层财政困难、上下级政府事权与财权不匹配等问题。第四，转移支付应合理有序。如果说理顺财政体制是缓解基层财政困难的根本，那么转移支付便是直接工具。根据日本和美国的经验，转移支付呈现出数额大、范围广、地方可支配三大特点，按照我国转移支付的种类而言，就是少专项转移支付而多一般性转移支付，从而切实解决基层财政困难的问题。

三、对策建议

财政视角下中国中等收入阶段对策建议体系如图 8－1 所示。

第二节　财政与促进经济赶超对策建议

在“瞻前顾后”四字方针的基础上，在以上对国外正面典型与负面典型财税体系分析的基础上，中国在现阶段以及顺利步入高收入阶段前夕的整个下、上中等收入阶段的发展中，应当毫无质疑地秉承经济赶超战略，结合本书研究思路、切入点和中长期经济发展，中国在中等收入阶段经济赶超进程中应当特别注

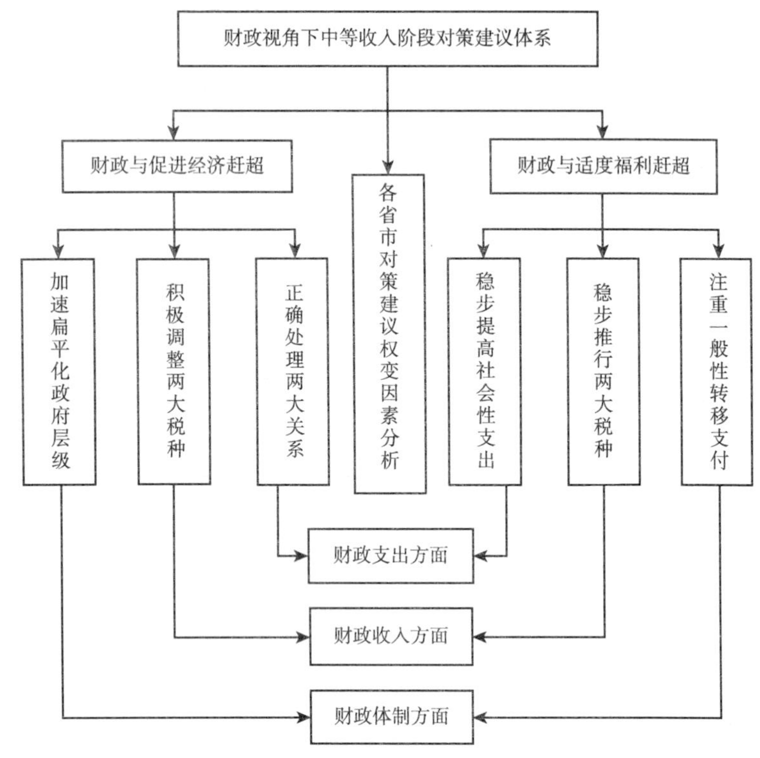

图 8－1　财政视角下中等收入阶段对策建议体系

意：在财政支出方面正确处理两大关系、在财政收入方面恰当把握税收政策、在财政体制改革方面尽快拉平政府层级。正如本书第五章、第六章中所述，中国现阶段以及未来中长期阶段的经济发展进程中仍然存在来自多方面的机遇和挑战，而本书之所以将“福利赶超”与“经济赶超”平行讨论，其主要目的就在于试图探讨怎样把握福利赶超的“度”来更好地为经济赶超进程服务。本书将最后的落脚点放在财税体系的分析上，初衷是通过利用财政这一有力的政府宏观调控手段来引导福利赶超与经济赶超的良性发展。从经济学原理的角度上来看，政府投资、政府购买、政府服务、政府生产都可以直接构成拉动经济发展的动力，且可以通过乘数效应放大对经济发展的影响，而财政补贴、财政转移支付等手段，可以间接调节市场价格，引导市场发展方向；税收是财政收入最为主要的组成部分，首先其对市场主体能够产生不同程度、不同方向的激励作用，其次其收缴金额的大小同时影响着财政效力发挥尺度的大小；财税体制对经济发展的中长期影响最为明显，从中国改革开放 30 多年的发展历程来看，每一次经济体制变革都伴随着财政体制的变革，而每一次财政体制的变革都为经济发展的飞跃带来实质性进展。因此，在本小节的论述中，笔者试图在中国继续深化现代化建设、推进经济结构转型的背景下，沿着财政学原理中阐述的朴素逻辑从财政支出和财政收入两大方面进行阐述。

一、财政支出方面——正确处理两大关系

在经济赶超的进程中，经济增长指标是最为重要的衡量标准之一，而针对我国现阶段工业化进程中的特点而言，财政支出于经济增长有密切的直接联系。如前文所述，进入后危机时代以来，我国经济增长从出口拉动型转变为投资拉动型，而投资拉动的份额中，政府直接投资和间接融资所占位置举足轻重。例如，2008 年美国次贷危机引发全球恶性金融危机，中国政府出台 4 万亿元的救市计划，由中央财政牵头的主体资金撬动地方财政、金融资金及社会资金的融通和发展，依靠强有力的投资拉动力维持经济增长率高于 8%。然而，从整个中等收入阶段以及由中等收入阶段步入高收入阶段的较长过程来看，建立健全社会主义市场经济体制，正确处理好政府与市场、政府与企业之间的关系，才应是财政支出探索的主要方向。

（一）在财政支出方面正确处理好政府与市场的关系

在“按比例”规律的基本框架下，在西方经济学对市场经济研究的理论基础上，中国在中等收入阶段继续经济赶超进程

中，财政支出方面正确处理好政府与市场关系的核心是逐步减少财政经济建设支出。主要原因有两方面：第一，财政经建支出过度容易造成市场扭曲。无论是直接的政府投资和生产、政府采购，还是间接的财政补贴和最低限价，都会在相关市场中造成价格扭曲，进而连带导致商品市场、资本市场和劳动力市场不稳定因素增加，影响市场机制发挥基础资源配置的功能。现阶段，我国市场经济体制传导性较差，在商品市场和资本市场中经常被视为“晴雨表”的股票市场、在货币市场中被视为“风向标”的货币离岸价格、在宏观调控中被视为“自动稳定器”的累进税率等，在我国现阶段市场经济中实际并未能完全担当其原被期待的角色，这与中国社会主义市场经济体制尚未完全理顺是直接相关的。而市场经济体制继续理顺的进程中，财政应当逐步放开紧抓经济建设的手，将重点转向社会性支出。第二，财政经建支出过度可能产生挤出效应。自 1998 年亚洲金融危机政府大力度宏观调控成功力保经济发展以来，尤其是进入新千年以后，学术界和社会中对于“国进民退”的研究悄然兴起。基于我国财政赤字占 GDP 的比重与绝大多数发达国家相比仍处于较低水平，且中国财政收入增长率和比重都在科学合理的范围内，加之财政宏观调控对中国经济发展的切实作用，本书对此的观点是目前中国经济赶超进程中并不存在明显的“国进民退”现象。本书欲强调的“挤出”主要是指体制不规范下可能产生的扭曲、财政直接或间接大力度支持下同行业其他企业创新激励的削弱。

（二）在财政支出方面正确处理好政府与企业的关系

中国经济赶超进程中、社会主义市场经济体制下政府与企业关系的重要性主要源自中国计划经济体制，主要特点是：企业所有制单一、企业利润全部上缴、企业职工吃“大锅饭”；随着两步“利改税”以及 1994 年后分级分税财政体制的建立健全，政府与企业之间的关系才开始逐步明朗化。然而，中等收入阶段经济赶超进程中，随着工业化发展的不断扩大和深入，第三产业的不断兴起及多级资本市场的建立健全，企业必将随市场经济发展呈现多元、深入、规模化发展。中国财政支出方面正确处理好政府与企业的关系应着重把握两个点：第一，国有企业改革。随着经济赶超进程推进带来的外资、合资、私营等企业的发展，会迫使中国国有企业把持各行业、行政与企业不分、同行业多数量等不良现象逐步改善。在大趋势的引领下，中国国有企业应力争合并同类项、贯彻落实政企分开，并逐步考虑在有助于市场经济发展和市场经济体制建立健全的行业中允许多种所有制企业进驻，推动行业积极健康发展。通过国有企业改革，还能够从根本上改善因国有企业和其他企业所有制不同而产生的收入差距问题。第二，中小企业发展。如上文所述，步入发达阶段的国家都很重视中小企业的发展，例如，美国在行政机构中专门设立了小企业局（SBS）来处理中小企业发展中可能遇到的行业咨询、技术支持、专利申请、投资融资等各项实际问题。中国现阶段以及未来一段时间的经济发展中，中小企业发展的核心是通过财税体系调整中小企业结构，鼓励高新科技、生物环保、有助于解决就业、有助于拉动上下游产业等功能的中小企业发展。虽然国家发改委在中小企业发展方面一直担任至关重要的角色，但财政支出对中小企业的资金支持、政策倾斜和财政补贴等手段，也对现在和未来中小企业结构调整和继续发展密切相关。而中小企业在经济赶超进程中具有吸收闲散资金、提高就业率、落实高新科技、较大中型企业更有活力、便于调整投资发展方向等诸多优点，对于处于中等收入阶段和经济转轨时期的经济赶超而言，具有特别重要的意义。

二、财政收入方面——积极调整两大税种

（一）资源税转型

资源税早于 1984 年就已经开征，在中国并不是新征税种，因此主要注重的应是如何合理转型问题。1984 年开征伊始，

资源税的征收对象只限于原油、天然气、煤炭三种矿产品，后来逐步扩展范围，至今包括了石油、煤炭、天然气、金属类及非金属类矿产以及盐等。资源税的征收办法经历了三个阶段：第一，1984 年实施的征收办法是以实际销售收入为计税依据，按照销售利润率设置起征点，采取“累进征收”；第二，1986 年实施的征收办法将“累进征收”改为“从量定额征收”；第三，1994 年实施的征收办法在原有的从量定额征收办法的基础上对税额做出了重新核定。尽管在经济发展过程中，资源税调节了资源开采中的级差收入并促进了资源的合理开发和利用，但随着工业化进程的不断深化，可持续发展战略所要求的经济发展与资源环境之间的问题日益尖锐，需要资源税作为有力的宏观调控手段，实现资源密集型产业转型和技术革新，实现不可再生资源的合理替代或适度利用。从这一角度来看，现在施行的“从量定额征收”办法所产生的实际税负已经显得过低，有损税收杠杆效应的发挥。此外，作为世界上最大的新兴经济体，作为金砖五国的主要代表国之一，中国在中等收入阶段经济赶超中继续工业化进程的方向短期内不会改变，这意味着中国对各项资源尤其是以石油为主的能源需求短期内必将只增不减。然而，从现阶段伊朗与美、英僵持的局势来看，国际石油市场十分动荡，加之我国目前尚未建立特别完备的能源储备，所以一直以来经济发展和工业化进程都受到直接影响。从这一角度上来看，一方面我国需要尽快建立健全能源储备，保证国内经济发展；另一方面，应利用资源税的覆盖面、税率、征收方法等来引导和激励新能源和可再生能源的开发与利用，继续贯彻落实可持续发展战略。

资源税的改革此前在新疆维吾尔自治区已经启动，随着经济赶超进程的推进，应当加快转型脚步：第一，逐步扩大资源税征收范围及转型范围。在全面、科学、可持续发展理论的指导下，应当考虑将更多的资源性产品及衍生品纳入资源税征收对象范畴，且应当在新疆针对原油和天然气改革的基础上，逐步扩大资源税的转型范围，稳步将税负调整至正常水平，合理发挥税收的杠杆作用。第二，资源税应由“从量计征”向“从价计征”稳步推进。从量计征办法相对从价计征办法更加僵化，无法反映资源产品市场价格的变化，无法接受供求规律的调节，真正发挥稳定器的作用。与此同时，国家也不能从资源价格上涨中获得合理的收入，进而无法利用收入继续调节资源利用与生态环境，造成一定程度上的恶化循环。资源税的改革应当与资源和能源的价格形成建立联动机制，才能够更加切实地发挥该项税收的调节作用。

（二）所得税改革

我国目前存在的重复征税问题较多，这也是相对于大多数发达国家我国税收略显沉重的主要原因。国内学者对于企业所得税的讨论角度和层面已经相当多，笔者在此特别想强调的是随着第三产业的深化和多级资本市场的建立健全，企业所得税覆盖范围悄然出现错位和缺位的现象，例如，随着我国 PE 市场的蓬勃发展，PE 企业所得税的问题至今仍然没有出台明确规定。这是在经济转轨过程中值得重视的动态优化问题，对其的重视有助于弥补体制漏洞。此外，在经济赶超进程中企业所得税方面，应当更加坚定地落实中小企业方面的税收优惠，例如，对小微企业所得税减半的政策，应当继续得到坚持和贯彻。在鼓励文化产业发展的政策下，草根创业阶层的经济行为，也应当纳入税收优惠的考虑范围。个人所得税方面，随着经济发展、人均 GNI 的提高和人民生活水平的提高，当务之急并不应该是简单提高起征点或盲目提高税率，而应当是将诸如家庭税收等科学合理的税收方式放在一起进行详尽讨论，尽快制定出贴合社会主义市场经济体制和分配关系的个人所得税征收办法，科学细化，切实推进经济赶超，并逐步与未来步入高收入阶段接轨。

三、财政体制方面——加速扁平化政府层级

如上文所述，财政体制直接从根本上影响我国经济赶超的长期进程。按照诸多发达国家财政体制改革的成功案例，中国财政体制面临的直接问题在于财政层级，而财政层级是政府层级的真实写照，所以根本问题在于政府层级过多而导致分税制财政体制未理顺。现阶段，随着“省直管县”和“乡财乡用县管”的开展和深化，全国大部分行政省和直辖市已在财政层级改革中得以基本实现。然而，笔者在调研中发现，财政层级与行政层级的扭曲可能产生多头管理，原来基层财政困难的问题可能得到部分缓解，但是整体体制仍未理顺。财政层级的拉平应成为行政层级拉平的先驱，只有最终从根本上拉平政府层级，才能从根本上解决中央与省级之间实现了分税制而省以下依然维持众生态的尖锐问题，从而缓解基层财政困难，切实推动经济赶超。在拉平财政层级的同时，应为第三级政府建立固定税基，完善我国自上而下、自下而上的分税体制，真正实现全体制分税、全面理顺。

第三节　财政与适度福利赶超对策建议

按照第六章中所论述的“维护公正、兼顾均平、引导高端、壮大中端、托好底端”的方针，同经济赶超的论述逻辑类似，本小节笔者试图按照财政支出、财政收入和财税体制三个方面进行论述。需要说明的是，在第六章的论述中，笔者已经对福利赶超与优化收入再分配进行了详细阐述，所以为了保持本章结构的完整性，在本小节对福利赶超财税体系政策建议进行简要论述。

1. 财政支出方面——稳步提高社会性支出。在前几章中已对福利赶超进行了多项分析，随着经济赶超的进程，人民对福利赶超的需求也逐步提高，在此不再赘述。随着福利赶超进程的推进，在财政支出方面，应逐步减少经济建设支出而逐步提高社会

性支出。第一，财政社会性支出应稳步提高。本书对于福利赶超的观点一直主要强调“度”的问题，在财政支出方面，也应当注意这个问题。首先，应在现阶段注重民生的基础上继续大力改进民生，并在改进民生的基础上注重优化收入再分配。其次，福利赶超社会性支出应首先以全覆盖为主，接下来慢慢提高水平。第二，财政社会性支出应科学细化。我国目前存在区域发展不平衡和城乡发展不协调的问题，正如第四章中所述，我国各行政省和直辖市的人均 GDP 相差许多，进行了高端、中端和低端的分组，并分别进行了分析，目的就在于避免政策一刀切，将在下文中继续进行详细分析。

2. 财政收入方面——逐步推行两大税种。税收是财政收入最主要的组成部分。中等收入阶段福利赶超进程中，我国在财政收入方面应逐步推行两大税种：房产税以及财产和遗产税。第一，房产税。近十年来，房地产市场随着经济增长而蓬勃发展，但其中也催生了大量泡沫，发展到目前为止，房产已经成为家庭最主要的资产之一，而房产也成为不断扩大收入差距的途径之一。加之财税体制改革在拉平政府层级的过程中需要为地方政府建立固定税基，以发达国家的经验来看，房产税是最合适的税种之一。第二，财产和遗产税。随着社会收入差距不断扩大，加之 1978 年以来我国经济高速增长，人民收入已多次翻番。通过福布斯排行榜对中国富豪排行，近十年来首富的数量级已达到百万亿人民币，社会收入阶层不断拉开。此外，随着多级资本市场的建立健全，人民资本收入也迅速增加，成为社会收入差距扩大的原因之一。按照发达国家对此类问题的处理，我国应在掌握全国情况的基础上尽快开征财产和遗产税，并逐步完善，形成稳定的税收机制。税收收入可以用来调节收入分配差距。

3. 财税体制方面——注重一般性转移支付。在福利赶超方面，参照发达国家的经验，应当特别注重一般性转移支付的使用。近年来，国内学者十分注重在我国财税体系中强调一般性转移支付的作用，笔者通过基层调研，认为最为重要的有两点：第一，加大一般性转移支付的力度。我国财税体制中一直以来比较强调专项转移支付的作用，而随着社会主义市场经济体制的建立健全，在深化财政体制改革的同时加大一般性转移支付力度来缓解基层财政困难，是较为妥帖的途径。第二，注重规避财力配套可能带来的“马太效应”。笔者在调研中发现，在我国现实情况的基础上，仅注重加大一般性转移支付的力度还远远不够。我国财税体制中对于一般性转移支付的杠杆效应十分注重，在决策一般性转移支付的时候一般都会要求地方财政进行资金配套。笔者在调研中还发现，因为担心资金配套不起而不申请或无法使用一般性转移支付和专项转移支付的情况不在少数。按照这种较为严苛的转移支付资金配套条件约束，可能会在一定程度上引发转移支付的“马太效应”，与缓解贫穷地区和基层财政困难的意愿相悖。

第四节　中国各省市对策建议权变因素

第四章按照世界银行的人均标准和全国人均标准将全国 31 个行政省、直辖市和自治区分为高端、中端和低端三组，并对中国各省市福利赶超指数进行了详细分析。本小节将按照本书对各省市进行的分组进行分析，逻辑为：第一，按组别对各省市进行劳动力市场指数对比分析；第二，按组别对各省市进行财政调控指数对比分析；第三，按组别对各省市进行福利赶超指数对比分析；第四，按组别阐述各省市财税体系权变因素。

一、各省市按组别劳动力市场指数（L）对比分析

按照第四章中的数据分析，各省市按组别分类所得到的劳动力市场指数如表 8－1、表 8－2、表 8－3 所示。

表 8-1　　　　高端组劳动力市场指数

年份	2000	2001	2002	2003	2004	2005	2006	2007	2008
失业率	3.10	3.3	4.0	3.9	3.8	3.6	3.5	3.3	3.3
基尼系数	0.412	0.390	0.426	0.390	0.488	0.425	0.496	0.458	0.469
L1	3.512	3.690	4.426	4.290	4.288	4.025	3.996	3.758	3.769

表 8-2　　　　中端组劳动力市场指数

年份	2000	2001	2002	2003	2004	2005	2006	2007	2008
失业率	3.10	3.75	4.15	4.30	4.30	4.15	4.00	3.95	4.00
基尼系数	0.412	0.390	0.426	0.390	0.488	0.425	0.496	0.458	0.469
L1	3.512	4.140	4.576	4.690	4.788	4.575	4.496	4.408	4.469

表 8-3　　　　低端组劳动力市场指数

年份	2000	2001	2002	2003	2004	2005	2006	2007	2008
失业率	3.1	3.6	3.8	3.8	4.0	4.0	4.0	3.8	3.9
基尼系数	0.412	0.390	0.426	0.390	0.488	0.425	0.496	0.458	0.469
L1	3.512	3.990	4.226	4.190	4.488	4.425	4.496	4.258	4.396

通过表中数据可以看出，各省市按照组别分类所得到的劳动力市场指数特点为：第一，就失业率角度来看，全国各省无论位于哪个层次的组别，数值大都在 3.0 ~ 4.0 之间，数值大小较为均匀。这说明 2000 ~ 2008 年以来全国劳动力市场就业与失业比例较为均衡，也同时普遍存在结构性失业和摩擦性失业的现象，尤其是结构性失业，是劳动力市场中值得关注的点。第二，就基尼系数来看，全国基尼系数始终在 0.4 ~ 0.5 之间徘徊。按照基尼系数的划分，大大高于 0.2 的收入平均分界点，一直处于收入差距较大的区间内。从这一点来看，我国应当在中等收入阶段福

利赶超进程中特别注意社会收入差距扩大的问题。

本书对劳动力市场的对策建议是：第一，工业化与结构性失业。随着工业化进程的深入发展，新能源、新技术、新产业也在顺应国家政策的前提下如雨后春笋般出现；与此同时，随着经济水平的不断提高，加之国家经济政策的适度倾斜，第三产业尤其是文化产业即将迎来高速发展时期。然而，相关劳动力供给与市场迅速的变化相比始终具有时滞性，应当尽快建立产业内部和社区内部就业培训与指导部门，并对此进行相关财政拨付和财政补贴，并利用第三产业和文化大发展时期完善市场自身供给水平，建立健全市场自身调整能力。第二，经济结构调整与结构性失业。自 2012 年以来，我国政府主动调低了经济增长速度，着力调整经济结构、促进经济改革、转变增长方式。由经济结构调整而带来的结构性失业是显而易见的，应当特别注重下岗再就业指导和培训。

二、各省市按组别财政调控指数（G）对比分析

按照第五章中的数据分析，各省市按组别分类所得到的财政调控指数如表 8－4、表 8－5、表 8－6 所示。

表 8－4　高端组财政调控指数

项目＼年份	2000	2001	2002	2003	2004	2005	2006	2007	2008
均值 1	8.09	9.38	9.39	9.43	9.15	9.4	9.78	10.81	11.13
均值 2	2.6	2.3	2.6	2.2	1.3	1.2	0.8	-0.6	0.4
均值 3	3.01	3.29	3.5	3.5	3.38	3.23	3.4	5.13	5.34
均值 4	10.9	10.9	10.9	16.4	23.5	18.1	16.4	18.4	17.4
G1	2.8	4.07	4.59	-1.27	-9.67	-4.27	-2.42	-3.06	-0.53

说明：均值 1 表示财政收入占 GDP 的比重均值；均值 2 表示财政赤字占 GDP 的比重；均值 3 表示社会支出占 GDP 的比重及均值；均值 4 表示 GDP 增长率均值。

表 8-5 中端组财政调控指数

项目\年份	2000	2001	2002	2003	2004	2005	2006	2007	2008
均值 1	6.4	6.5	6.2	6.2	6.2	6.9	7.1	7.8	8.1
均值 2	2.6	2.3	2.6	2.2	1.3	1.2	0.8	-0.6	0.4
均值 3	3.5	3.8	4.0	3.9	3.7	3.2	3.3	4.3	5.4
均值 4	-9.4	-9.4	-11.9	-17.1	-25.8	-21.1	-19.6	-23.9	-22.2
G2	3.1	3.2	0.9	-4.8	-14.6	-9.8	-8.4	-12.4	-8.3

表 8-6 低端组财政调控指数

项目\年份	2000	2001	2002	2003	2004	2005	2006	2007	2008
均值 1	6.2	6.6	6.5	6.6	6.4	6.8	7.3	7.8	8.1
均值 2	2.6	2.3	2.6	2.2	1.3	1.2	0.8	-0.6	0.4
均值 3	4.7	5.3	6.0	5.8	5.4	5.6	5.9	8.8	9.7
均值 4	-9.8	-9.8	-10	-13.6	-23	-16	-16	-20.2	-20.5
G3	3.7	4.4	5.1	1	-9.9	-2.4	-2	-4.2	-2.3

通过表中数据可以看出，各省市按照组别分类所得到的财政调控指数特点为：第一，就财政收入占 GDP 的比重来看，高端组较中低端组财政收入占 GDP 的比重更高，如果按照这种不完全统计进行趋势预测，可以认为在低中等收入阶段迈向高中等收入阶段的进程中，随着政府职能的逐步转变，财政收入占 GDP 的比重将呈现稳步上升趋势。第二，就社会性支出占 GDP 的比重来看，低端组较中高端组社会性支出占 GDP 的比重更高。这种对比结果的背景是：中高端组社会性支出的绝对值和人均值都更高，然而比重更低；而低端组社会性支出的绝对值和人均值都相对更低，然而比重却偏高。这种趋势说明，随着经济发展阶段的推进，由下中等收入向上中等收入以及上中等收入向高收入阶

段迈进的过程中，社会性支出占 GDP 的比重不一定会提高，但是福利水平的绝对值却会逐步提高。因此，在福利赶超的进程中，应当充分考虑到经济赶超带来的福利因素，不能单一地将社会性支出所占的比重作为衡量福利水平的唯一值。

三、指数对比分析

各省市按组别福利赶超指数对比分析如表 8 –7、表 8 –8、表 8 –9 所示。

表 8 –7　　高端组福利赶超指数

项目＼年份	2000	2001	2002	2003	2004	2005	2006	2007	2008
L1	3.512	3.690	4.426	4.290	4.288	4.025	3.996	3.758	3.769
G1	2.8	4.07	4.59	-1.27	-9.67	-4.27	-2.42	-3.06	-0.53
指数 1	6.312	7.76	9.016	3.02	-5.382	-0.245	1.576	0.698	3.239

表 8 –8　　中端组福利赶超指数

项目＼年份	2000	2001	2002	2003	2004	2005	2006	2007	2008
L2	3.512	4.140	4.576	4.690	4.788	4.575	4.496	4.408	4.469
G2	3.1	3.2	0.9	-4.8	-14.6	-9.8	-8.4	-12.4	-8.3
指数 2	6.612	7.34	5.476	-0.11	-9.812	-5.225	-3.904	-7.992	-3.831

表 8 –9　　低端组福利赶超指数

项目＼年份	2000	2001	2002	2003	2004	2005	2006	2007	2008
L3	3.512	3.990	4.226	4.190	4.488	4.425	4.496	4.258	4.396
G3	3.7	4.4	5.1	1	-9.9	-2.4	-2	-4.2	-2.3
指数 3	7.212	8.39	9.326	5.19	-5.412	2.025	2.496	0.058	2.096

通过表中数据可以看出，各省市按照组别分类所得到的福利赶超指数特点为：第一，全国各省无论组别福利赶超指数始终位于较低水平，主要原因有两个：一是我国劳动力市场失业率始终保持在相对较低的区间内；二是我国各省市经济增长率始终保持在极高的水平上。此外，加之我国财政收入、财政赤字和社会性支出占 GDP 的比重始终控制在科学合理的范围内，所以我国福利赶超指数呈现出有助于推进经济赶超的良性形态。第二，中端组福利赶超指数在三组中平均水平最低，按照这种趋势，在某一经济体从下中等收入阶段向上中等收入阶段过渡的进程中，其会更加注重经济赶超的发力，因而会放缓福利赶超进程来配合经济赶超的迅速实现。因此，在低端组和高端组中，福利赶超指数都呈现相对较为平稳的数值，这可以被视为福利赶超指数的一种变化规律。

针对福利赶超指数的这种变化规律，应当更加关注全国位于低端和高端组内省市的福利赶超水平：我国位于低端组的省市应当首先达到经济赶超的目标，在此基础上尽量保持福利赶超的稳定性，并随着由低中等收入阶段向高中等收入阶段发展而逐步降低福利赶超水平，转而催化经济赶超发力，以求能够更好地渡过阶段性变化，而后稳步提高福利赶超水平；将我国位于高端组的省市放入世界银行的划分标准中，基本全部属于高中等收入阶段的低水平线上，距离迈入高中等收入阶段上限还有很大差距，因而可以在现阶段继续稳步提高福利水平，控制在有利于服务经济赶超的水平上，而按照前文的分析，这一水平应当大大低于民粹主义基础上的福利赶超水平，并高于发达国家福利赶超进程，但是绝对值和比率应大大低于发达国家福利水平；随着经济不断增长，在中等收入阶段即将向高收入阶段转型的进程中，应当考虑压低福利水平，放缓福利赶超速率，全面为经济赶超服务，集中优势资源发展自我，铆足劲冲过过渡阶段，步入高收入阶段后又回到逐步提高福利水平的轨道上来。

第五节 小　结

本章论述了中等收入阶段福利赶超与经济赶超财税体系对策建议。

第一，论述了中等收入陷阱与财税体系，通过分析拉美的负面例子和美、日的正面例子试图找到教训经济体和经验经济体的财税体系特点，进行较为详细的分析，并最终提出针对我国相关领域的对策建议。

第二，论述了中国深化经济赶超财税体系对策建议。本书认为在财政支出方面，应当正确处理政府与企业、政府与市场两大关系；在财政收入方面，应当积极调整资源税和所得税两大税种；在财政体制方面，应当尽快拉平政府层级，明晰财权和事权，为基层财政建立稳固税基。

第三，论述了中国深化福利赶超财税体系对策建议。本书认为在财政支出方面，应逐步转变政府职能，稳步提高社会性支出而降低经济建设支出；在财政收入方面，应逐步推行房产税和财产及遗产税两大税种；在财税体制方面，应当特别注重加大一般性转移支付，并注重有效调控，减少因财政配套而可能带来的“马太效应”。

第四，分组阐述了中国各省市相关财税体系对策权变因素。本小节从各省市按组别劳动力市场指数（L）对比分析、各省市按组别财政调控指数（G）对比分析和各省市按组别福利赶超指数对比分析三个方面来开展。本书认为全国各省市就业率基本平衡，高端组较中低端组财政收入占 GDP 的比重更高，全国各省无论组别福利赶超指数始终位于较低水平，而位于低中等收入阶段到高中等收入阶段过渡期的中端组福利赶超指数最低。通过数据分析，本书认为福利赶超指数在某一阶段的稳定期会稳步提高及稳定在某种水平；而在阶段迈进过程中将更加注重经济赶超而放缓福利赶超，以期更为顺利地度过过渡阶段。

第九章

总　　结

本书从经济赶超进程中所出现的福利赶超现象入手，试图分析在中等收入阶段的大背景下福利赶超的特点以及福利赶超与经济赶超的关系，以期为中国成功跨越中等收入陷阱、步入高收入阶段提出具有积极意义的对策建议。全部共分为九大章，具体内容的结构框架为：绪论，福利赶超与经济赶超的概念、逻辑与前车之鉴，福利赶超与经济赶超的理论基础与有效测度，中国福利赶超指数分析，中国各省市福利赶超指数分析，中国福利赶超与经济赶超的基本方针、现状与财政职能，中等收入阶段中国在改进民生中如何优化收入再分配和中等收入阶段福利赶超与经济赶超对策建议。

第一节　综述、理论与模型

按照结构框架，综述、理论与逻辑部分大体包括导论、第二章和第三章。

导论阐述了研究意义、研究背景和文献综述。研究背景包括了理论背景和现实背景：理论背景包括经济赶超的理论背景和福利赶超的理论背景；现实背景包括我国现阶段经济发展状况和拉美的负面教训。文献综述包括了：经济赶超问题相关文献综述，经济增长、福利与增长陷阱相关文献综述和财税政策、经济赶超与福利赶超相关文献综述。本书采用的研究方法有在第二章和第三章中用到的概念分析法；在导论、第二章、第六章、第八章中用到的文献调查法和逻辑推理法；在第二章、第三章、第八章中用到的比较研究法；在第四章、第五章、第六章和第七章中用到的数据分析法，等等。创新点在于提出福利赶超指数并以此对中国福利赶超现状进行分析，对中国各省市进行分组，并在此基础上提出对策建议。

第二章阐述了中等收入的定义、中等收入阶段经济赶超、中等收入陷阱及福利赶超和中等收入陷阱的逻辑路径，是全文论述的逻辑基础。所谓中等收入，以各经济体人均 GNI 为核心指标对全球各个经济体进行排序，位于中等位次经济体的最高及最低人均 GNI 指标所形成的区间标准。所谓中等收入陷阱，是指使各经济体赖以从低收入经济体成长为中等收入经济体的战略，对于它们向高收入经济体攀升是不能够重复使用的，进一步的经济增长被原有的增长机制锁定，人均国民收入难以突破 10 000 美元的上限，一国很容易进入经济增长阶段的停滞徘徊期。中等收入陷阱中最典型的就是“拉美化”问题，关注拉美化问题的原因是拉美地区经济增长及文化背景与中国的相似性。导致拉美落入“中等收入陷阱”的因素有：历史制度遗留、民族及种族多样化、发展战略失误、政治动荡不安和民粹主义基础上的福利赶超，其中，民粹主义基础上的福利赶超是造成“拉美化”问题的最主要原因。拉美民粹主义基础上的福利赶超将拉美经济拖入“中等收入陷阱”的逻辑起点是社会收入差距扩大，其本质是在拉美经济处于中等收入经济赶超阶段时没有继续实行经济赶超，而是转向福利赶超。主要路径经历了扭曲的经济赶超和失败的经济赶超：扭曲的经济赶超指由经济赶超转向民粹主义基础上的福利赶超，表现为民粹主义城市化与滞后工业化的矛盾、民粹主义国有化与外资依赖的矛盾及民粹主义基础上的福利赶超；失败的经济赶超指由民粹主义基础上的福利赶超落入中等收入陷阱，逻辑路径为：宏观政策初战告捷—经济增长遇到瓶颈—经济发展全面短缺—民粹主义政府破产。

第三章阐述了中等收入经济赶超阶段的理论评述及必要性探究、福利测度方法演变及局限性思考、福利赶超指标的确定与模型的建立、福利赶超指数与经济赶超路径。总体思路按照从经济赶超阶段的必要性入手，考虑影响经济赶超阶段的最关键因素——福利赶超的测度，最后再通过福利赶超的测度确定经济赶超路径是否被扭曲这样的逻辑展开。经济赶超理论沿着经济发展理论的脉络，大致按照标志性学说或模型的提出将经济赶超的西方理论分为六个阶段：美国经济史学家亚历山大·格申克龙提出后发优势理论，美国社会学家 M·列维从现代化的角度发展后发优势理论，阿伯拉莫维茨提出追赶假说，伯利兹、克鲁格曼和丹尼尔·东提出“蛙跳”模型，罗伯特·J·巴罗提出独特的技术模仿函数，R·范·艾肯建立技术转移、模仿和创新的一般均衡模型，这些科学的理论和模型的提出清晰地阐明了经济赶超阶段的必要性和必然性。从我国经济发展的实际来考虑，从 20 世纪 50 年代，毛泽东所说的“中国不发展就要被开除球籍”，到 90 年代邓小平强调的“发展是硬道理”，再到新一代领导集体提出的“全面协调可持续发展是硬道理”的“科学发展观”，在赶超战略思想上也是一脉相承的。福利测度方法以 1929 年为起点至今，按照较具影响力的福利测度指标产生的时间序列，主要包括：1929 年及 1950 年后盛行的生产指标测度，1972 年的经济福利测度指标（MEW），1974 年的加权社会发展指数（WISP），1979 年的物质生活质量指数（PQLI），1985 年的社会健康指数（ISH），1989 年的可持续经济福利指数（ISEW），1990 年的人类发展指数（HDI），1995 年的真实发展指标（GPI），1995 年的生活质量指数（QLI），1998 年的经济福利指数（IEWB），2006 年的幸福星球指数（HPI）和 2008 年的环境友好型幸福国家指数

(ERHNI)。然而，这些福利指数对于测度福利赶超程度，仍具有很大局限性。

福利赶超指数内含一层参数和二层参数，各层参数内部关系及参数之间的关系构成了福利赶超指数的模型，总体而言，可以由以下三个模型公式来表示：

☆简单总体模型

福利赶超指数＝劳动力市场指数(L)＋财政调控指数(G)

☆中间模型

ⅰ）劳动力市场指数（L）＝非正规部门就业率＋结构性失业率＋基尼系数

ⅱ）财政调控指数（G）＝财政收入占 GDP 的比重＋财政预算赤字占 GDP 的比重＋财政社会性支出占 GDP 的比重－GDP 增长率

☆综合总体模型

福利赶超指数＝(非正规部门就业率＋结构性失业率＋基尼系数)＋(财政收入占 GDP 的比重＋财政预算赤字占 GDP 的比重＋财政社会性支出占 GDP 的比重－GDP 增长率)

第二节　调研、数据与分析

按照结构框架，调研、数据与分析部分大体包括第四章和第五章。

第四章按照第二章建立的福利赶超指数模型对中国全国范围内福利赶超进行了分析。按照公式ⅰ和公式ⅱ的要求，逐一分析了中国劳动力市场指数（L）的各项数据和中国财政调控指数（G）的各项数据，并在此基础上计算了中国 2000～2008 年福利赶超指数。

第五章利用福利赶超指数进行了中国全国及各省市福利赶超

现状分析，以此为下文财税政策的开展奠定最为重要的实证基础。

第一小节分析了中国福利赶超现状，在查阅原数据和数据处理的基础上，在既定公式的框架下，本书认为现阶段中国全国福利赶超指数如表9－1所示：

表9－1　　2000～2008年中国福利赶超指数

年份	2000	2001	2002	2003	2004	2005	2006	2007	2008
指数	19.22	21.30	22.96	21.70	21.98	21.85	21.66	21.88	26.96

第二小节在此基础上、利用统一的数据口径和对人均GDP的统一算法，按照世界银行对低中等收入和高中等收入的划分值以及全国的平均值两项标准，对全国31个行政省、直辖市和自治区进行了分类，具体分类如表9－2、表9－3、表9－4所示。

表9－2　　高端组　　单位：元

地　　区	人均收入
上海	52 149.26
北京	43 788.29
天津	37 920.19
浙江	29 315.66
江苏	27 230.64
广东	26 140.37
山东	22 051.00
辽宁	21 873.04
上下中等收入分界值	20 838.77

表 9-3　中端组　单位：元

地　　区	人均收入
上下中等收入分界值	20 838.77
福　建	21 632.46
内蒙古	20 273.86
全国人均 GDP 均值	16 220.74

表 9-4　低端组　单位：元

地　　区	人均收入
全国人均 GDP 均值	16 220.74
河　北	15 917.47
吉　林	15 764.23
黑龙江	15 704.22
湖　北	13 876.04
山　西	13 232.31
重　庆	12 647.75
河　南	12 642.16
新　疆	12 581.90
海　南	12 384.84
陕　西	12 180.04
湖　南	12 027.03
青　海	11 809.02
宁　夏	11 727.74
江　西	10 591.92
四　川	10 523.46
安　徽	10 174.98
广　西	10 006.45
西　藏	9820.10

续表

地　　区	人均收入
云　南	8737.08
甘　肃	8318.01
贵　州	6138.34

最后三个小节中分别计算了高端组、中端组和低端组的福利赶超指数，具体数据如表9－5所示。

表9－5　　中国分组福利赶超指数表

指数＼年份	2000	2001	2002	2003	2004	2005	2006	2007	2008
高端	6.312	7.76	9.016	3.02	-5.382	-0.245	1.576	0.698	3.239
中端	6.612	7.34	5.476	-0.11	-9.812	-5.225	-3.904	-7.992	-3.831
低端	7.212	8.39	9.326	5.19	-5.412	2.025	2.496	0.058	2.096

第三节　现状、视角与对策

按照结构框架，现状、视角与对策部分大体包括第六章、第七章和第八章。

第六章首先论述了中国经济赶超与福利赶超基本方针、现状与财政职能。中国经济赶超与福利赶超适用基础理论和国外现实背景反映出的逻辑，但由于中国具有特殊的经济发展历程，所以中国经济赶超与福利赶超应当具有适合自己的基本方针。第六章在论述改革开放以来中国经济与福利发展脉络的基础上，分析了经济与福利发展的优势与问题。接着，进行了中等收入阶段经济赶超与福利赶超观点评述，与中国经济发展历程相结合，为基本方针的制定打下基础。中国中等收入阶段经济赶超与福利赶超的基本方针是：瞻前顾后，所谓“瞻前”，意在追求经济内在科学可持续增长机制，继续贯彻经济赶超战略；所谓“顾后”，意在深化财税体制改革和财税政策转型，大力改进民生，提供更多福利，但要考虑短期利益和中长期的合理衔接、权衡。接着论述了中国赶超现状，认为当前中国经济赶超与福利赶超优势与矛盾并存，主要优势与矛盾具体表现在：经济增长稳推进，资源环境约束强；投资拉动为主力，内需消费稍不足；改善民生已先行，福利覆盖不广泛；城乡发展不协调，区域发展不平衡；产业结构不合理，市场需求潜力大；收入分配差距大，物价上涨压力大；科技水平有提升，创新能力仍薄弱。通过逻辑分析和数据分析详细论述了中国赶超现状，主要目的在于赶超过程中的问题，为下文论述财政与经济赶超、福利赶超的联系以及在赶超进程中的职能和实现途径进行铺垫。最后，论述了财政与经济赶超和福利赶超的联系及职能。按照财政“以政控财，以财行政”的本质，在经济赶超与福利赶超进程中，经济赶超负责做大蛋糕，福利赶超负责给好蛋糕，而财政负责分好蛋糕，财税政策及体制是经济赶超与福利赶超最为重要的纽带和保障。现阶段中国财政收入分配职能中的重点是在改进民生的过程中如何优化再分配的问题，而优化再分配是财政实现其职能的根本途径。

第七章论述了中等收入阶段在改进民生中如何优化再分配，中等收入阶段福利赶超的主要内容是大力改进民生，该目标是通过财政收入再分配职能来实现，然而，中国中等收入阶段收入分配存在很多问题，应当有针对性地优化再分配，并在最后提出了可供探寻的政策建议。首先，第一小节论述了中国中等收入阶段以改进民生为主的福利赶超逻辑起点，认为：其内在逻辑起点是收入差距扩大；其直接逻辑起点是扩大内需的要求。接着，第二小节从中国现阶段收入分配的结构和改进民生的内容及两者逻辑关系的角度论述了收入再分配在改进民生中的作用，认为收入分配是改进民生的基础，改进民生是缩小收入分配差距、维持收入分配公平的途径。第三小节论述了中等收入阶段需要重点把握的收入分配五大关系现存的问题及原因，包括劳动者薪酬与收入分配、转移性收入与收入分配、财产性收入与收入分配、公共产品供给与收入分配和国企经营与收入分配。最后，论述了中等收入阶段改进民生中优化再分配的方针及建议。中等收入阶段在改进民生中优化再分配应遵循五词方针，即“维护公正、兼顾均平、引导高端、壮大中端、托好底端”。其中，维护公正是中等收入阶段福利赶超的基本出发点，兼顾均平是中等收入阶段福利赶超的重中之重，引导高端、壮大中端、托好底端是中等收入阶段福利赶超的三个层次。在此基础上，本书提出中等收入阶段在改进民生中优化再分配的七项建议：加快深化体制改革，积极转变政府职能；完善社会保障制度，推进基本公共服务；扩大居民财产财富，调整社会收入结构；建立健全市场机制，加快推进国企改革；积极稳步结构为先，深入推进税制改革；完善转移支付体系，优化转移支付管理；健全多级资本市场，加强金融资本监管。

第八章论述了中等收入阶段福利赶超与经济赶超财税体系对策建议。第一，论述了中等收入陷阱与财税体系，通过分析拉美国家的负面例子和美、日的正面例子试图找到教训经济体和经验经济体的财税体系特点，进行较为详细的分析，并最终提出针对我国相关领域的对策建议。第二，论述了中国深化经济赶超财税体系对策建议。在财政支出方面，应当正确处理政府与企业、政府与市场两大关系；在财政收入方面，应当积极调整资源税和所得税两大税种；在财政体制方面，应当尽快拉平政府层级，明晰财权和事权，为基层财政建立稳固税基。第三，论述了中国深化福利赶超财税体系对策建议。本书认为在财政支出方面，应逐步转变政府职能，稳步提高社会性支出而降低经济建设支出；在财政收入方面，应逐步推行房产税和财产及遗产税两大税种；在财税体制方面，应当特别注重加大一般性转移支付，并注重有效调控，减少因财政配套而可能带来的“马太效应”。最后，分组阐述了中国各省市相关财税体系对策权变因素。本小节从各省市按组别劳动力市场指数（L）对比分析、各省市按组别财政调控指数（G）对比分析和各省市按组别福利赶超指数对比分析三方面来开展。全国各省市就业率基本平衡，高端组较中低端组财政收入占 GDP 的比重更高，全国各省无论组别福利赶超指数始终位于较低水平，而位于低中等收入阶段到高中等收入阶段过渡期的中端组福利赶超指数最低。通过数据分析，可知福利赶超指数在某一阶段的稳定期会稳步提高及稳定在某种水平；而在阶段迈进过程中将更加注重经济赶超而放缓福利赶超，以期更为顺利地度过过渡阶段。

第四节　不足、限制与展望

本书最大的不足在于落脚点视角范围较窄。中等收入阶段福利赶超与经济赶超的研究是一个可供广泛探索的课题领域，而本书只是在有限的时间、精力和篇幅的基础上选择了一条视角范围较窄但可供探寻的一小径，即从“拉美化”教训出现的“民粹主义基础上的福利赶超”现象着手试图分析中等收入阶段经济赶超进程中福利赶超的特点以及两者的关系，并按照此思路分析了中国现阶段即中等收入发展阶段福利赶超的特点。虽然笔者试图利用更为合理的模型、更为统一的口径、更为翔实的数据和更为细化的组别来试图分析福利赶超在我国的现状，并将中等收入阶段福利赶超与经济赶超的分析最终落脚在中国财政政策与体制上，最终在各项分析的基础上提出了相应的对策建议。然而，由于本书从研究的出发点、理论背景和模型辨析到数据处理、选择方针和提出对策，始终都是站在福利赶超与经济赶超在中等收入阶段关系的主线上来论述，即没有更加深入地对福利赶超相关问题或经济赶超相关问题进行探讨，也没有过多地对两者交织下各项专题进行专门的研究和讨论，所以最终观点和结论难脱片面之嫌。

在研究中面临的最大限制来自数据。在本书选择的研究主线下，笔者曾一度试图尝试建立在国内与国外数据对比分析的基础之上，例如，笔者曾经试图查阅美国、日本在成功跨越中等收入阶段的时间段中，本书福利赶超指数中涉及的各项数据指标是怎样的；笔者也曾经试图查阅拉美各国在逐步跌入中等收入陷阱的时间段中，相关数据指标是怎样的。然而，无论是通过世界银行的《世界发展指标》还是通过各国的国家统计局官方网站，始终都存在数据口径不统一、数据统计年份不连贯、数据统计频率按国别各有规律等问题，无法提供翔实、科学和合理的数据基础，未免抱憾。本书的研究表明，在某经济体中等收入阶段的发展过程中，福利赶超与经济赶超的关系是隐有途迹可循的，但中国步入中等收入阶段时间尚短，加之国外数据资料未见翔实。因此，虽然笔者抱有对规律探求之渴望，而仍需暂观趋势而无法定论，但求随未来经济阶段的平稳推进与成功跨越，再继续探求个中规律之一二。

主要参考文献

[1] 贾康、白景明：《县乡财政解困与财政体制创新》，载于《财税与会计》2002年第5期，第9~13页。

[2] 贾康：《关于我国赤字扩大与相关风险的初步分析》，载于《金融研究》1999年第3期，第6~8页。

[3] 贾康：《以建设公共财政为导向改善经济增长方式："十一五"财税政策展望》，载于《中国证券报》，2005年11月28日第A23版。

[4] 中国经济增长与宏观稳定课题组：《增长失衡与政府责任：基于社会性支出角度的分析》，载于《经济研究》2006年第10期，第4~17页。

[5] 贾康、刘微：《促进经济增长方式转变的财政政策及相关制度创新》，载于《发展研究》2007年第4期，第6~12页。

[6] 贾康：《论居民收入分配中政府维护公正、兼顾均平的分配调节》，载于《地方财政研究》2007年第7期，第4~7页。

[7] 贾康：《政府对收入分配的分类调控》，载于《求是》2007年12月，第54~55页。

[8] 贾康、王敏：《社会福利筹资与公共财政支持》，载于《首都经济贸易大学学报》2009年第1期，第82~94页。

[9] 贾康、刘军民：《政策性金融与中国的现代化赶超战略》，载于《财政研究》2010年第1期，第2~8页。

[10] 贾康、孙洁：《平衡计分卡（表）方法在财政支出绩效评价中的应用设计初探》，载于《山东经济》2010年第1期，

第 5 ~ 10 页。

[11] 贾康:《调整收入分配惠顾低收阶层》, 载于《中国党政干部论坛》2010 年第 6 期, 第 24 ~ 27 页。

[12] 贾康、刘微:《提高国民收入分配“两个比重”遏制收入差距扩大的财税思考与建议》, 载于《财政研究》2010 年第 12 期, 第 2 ~ 18 页。

[13] 贾康、梁季:《个税改革任务: 夯实个税调节收入分配差距的功能》, 载于《社会科学报》, 2011 年 2 月 24 日。

[14] 张晓云、贾康:《雇员薪酬的形成机理与我国状态判断: 基于“公正”与“均平”的分析框架》, 载于《财科所研究报告》, 2011 年第 121 期。

[15] 林毅夫、蔡昉、李周:《中国的奇迹: 发展战略与经济改革》, 载于《格致出版社》1994 年版。

[16] [美] 亚历山大·格申克龙:《关于现代工业化的“前提”概念的反思, 经济落后的历史透视》, 商务印书馆 2009 年版。

[17] 樊纲、张晓晶:《“福利赶超”与“增长陷阱”: 拉美的教训》, 载于《中国经济改革研究基金会国民经济研究所研究报告》, 第 1 ~ 22 页。

[18] 吴培新:《经济增长理论的突破性进展》(上), 载于《外国经济与管理》1995 年第 4 期, 第 3 ~ 7 页。

[19] 吴培新:《经济增长理论的突破性进展》(下), 载于《外国经济与管理》1995 年第 5 期, 第 3 ~ 7 页。

[20] 刘沅:《拉美国家的劳工立法改革初探》, 载于《拉丁美洲研究》1997 年第 6 期, 第 1 ~ 9 页。

[21] 樊纲:《论“国家综合负债”: 兼论如何处理银行不良资产》, 载于《经济研究》1999 年第 5 期, 第 11 ~ 17 页。

[22] 财政部科研所课题组:《我国居民收入分配状况及财税调节政策》, 载于《税务研究》2003 年第 10 期, 第 2 ~ 9 页。

[23] 中国税务学会课题组:《税收如何调节个人收入分配》,

载于《税务研究》2003年第10期，第10～20页。

[24] 马海涛、姜爱华：《个人收入分配差距拉大的原因分析及对策》，载于《财政研究》2003年第7期，第39～41页。

[25] 蔡昉：《中国经济如何跨越“低中等收入陷阱”》，载于《中国社会科学院研究生院学报》，2008年1月第1期，第13～18页。

[26] 樊纲：《体制改革对中国经济增长贡献的定量分析》，载于《理论导报》2008年第2期，第23～24页。

[27] 中国经济增长与宏观稳定课题组：《中国可持续增长的机制：证据、理论和政策》，载于《经济研究》2008年第10期，第13～25页。

[28] 安体富、蒋震：《调整国民收入分配格局提高居民分配所占比重》，载于《财贸经济》2009年第7期，第50～55页。

[29] 财政部财政科学研究所：《中国财税体制改革的战略取向：2010～2020》，载于《改革》2010年第1期，总第191期，第5～19页。

[30] 郭树清：《关于改善收入分配可以采取的若干措施》，载于《当代财经》2011年第1期，第12～13页。

[31] 高培勇：《尽快启动直接税改革》，载于《涉外税务》2011年第1期，第16～19页。

[32] Alexander Gerschenkron: Economic Backwardness in Historical Perspective, Harvard University press, 1962.

[33] Acemoglu Daron, Simon Johnson and James A. Robinson, The Colonial Origins of Comparatives Development: An Empirical Investigation, American Economic Review, 91, 2001.

[34] Alesina Alberto and Eliana La Ferrara, Ethnic Diversity and Economic Performance, NBER Working Paper No10313, 2004.

[35] Brezis, Paul Krugman, Tsidden: Leap-frogging in international Competition: a Theory of Cycles in National Technological

Leadership, American Economic Review, 83, 1993.

[36] Beck Thorsten, Asli Demirguc Kunt and Ross Levine: Finance, Inequality and Poverty; Cros-Country Evidence. World Bank Policy Research Working Paper, WPS3338, 2004.

[37] Bourguignon, F. And C. Morrisson: Income Distribution, Development and Foreign Trade: A Cross-sectional Analysis, European Economic Review, 34, 1990.

[38] Clarke George, Lixin C. Xu and Hengfu Zou: Finance and income inequality: Test of alternative theories [R]. World Bank Policy Research Working Paper, 2003.

[39] Galor Oded and Joseph Zeira: Income Distribution and Macroeconomics [J]. Review of Economic Studies, 1993, 60 (1): 35 -52.

[40] Holden, Paul and Vassili Prokopenko: The Financial Sector and Poverty Reduction in Developing and Transition E-conomies [R]. IMF Working Paper, Washington DC, 2001.

[41] Kuznets Simon: Economic Growth and Income Inequality [J]. The American Economic Review, 1955, 45 (1): 1 -28.

[42] Marion J. Levy, Modernization and Structure of Societies: a Setting for international Relations, Princeton University press, 1996.

[43] M. Abramjoritz: Thinking about Growth, Cambrige University press, 1989.

[44] R. Van Elkan: Catching up and Slowing Down: Learning and Growth Patterns in an Open Economy. Journal of International Economics, 41, 1996.

[45] Rodríguez Francisco, The Policical Economy of LLatin American Economic Growth, World Bank's Global Development Network Research Project, Latin American and Caribbean Economic Association (LACEA), 2001.

后　　记

“采薇采薇，薇亦作止。采薇采薇，薇亦柔止。采薇采薇，薇亦刚止。”（《诗经·采薇》）自2011年春季伊始至今，历时14个月，《中等收入阶段福利赶超与经济赶超》一文终于圆满完成。至此，笔者心怀感恩。

首先，衷心感谢自己的博士研究生导师、研究员贾康先生。笔者对“财政”的灼灼兴趣是从研读先生论著、学术论文和评论开始的，伊始自觉文字晦涩精深，幸得先生款款引导才得以逐渐步入财政理论与政策研究领域的大门。虽对学术研究怀有满腔热忱，然自知自身多方素质、潜质有限，唯有笨鸟先飞、快马加鞭：举步维艰之时，幸得先生谆谆教导；倦怠疲乏之时，幸得先生支持鼓励。笔者不才，多方努力只为能够洞悉先生学术境界之一二，追随先生思想理论之步伐。本书也正是在贾康先生宏伟、深刻、切实的正确思想理论普照之下自觉尝试探求一小径，然幸得先生的不倦指导才得以顺利展开，并既得先生点睛之笔方得以圆满完成。“一日为师，终身为父”。在日常学习和生活中，笔者也幸得先生父亲般无微不至之关怀与促膝长谈之温暖。感激涕零！

其次，特别感谢父亲苏保良先生、母亲赵立秀女士及未婚夫王鹤霖先生一直以来的关心和支持。尤其在博士论文写作期间，家人给予了思想上的理解、生活上的关心和物质上的支持，使得此书能够在无顾虑的外部环境下顺利完成。

最后，笔者还同样感谢博士学习期间同窗好友的共励共勉。

特别鸣谢笔者的同窗好友李海蓉女士在本书选题确定、提纲拟定、文献搜集、数据处理、思路开展、理论挖掘的过程中与笔者的共励共勉，这种共同学习的动力也是本书能够顺利完成的重要原因。

古语道：千里之行始于足下。以本书为伊始，笔者将在贾康先生的指导下继续为自己衷心追求的学术理想而孜孜不倦、勇往直前！

苏京春
2013年4月

封面设计：王 坦

BIXIANJING QIUTANTU
ZHONGDENG SHOURU JIEDUAN DE
FULI GANCHAO YU JINGJI GANCHAO

ISBN 978-7-5141-3565-7
定 价：28.00元